4차원의 영성과 함께하는 **21일 묵상**

머리말

성령님과 만나는 21일간의 묵상 여행

저의 삶과 지난 50년 사역의 결과는 모두 하나님께서 계획하시고 인도하신 것이었습니다. 인간은 하나님의 섭리에 의해 창조되었으므로 그분의 인도하심을 좇아 살 때 삶의 가치와 이유를 깨달으며 온전히 승리하는 삶을 살 수 있습니다.

우리 각자를 향하신 하나님의 뜻을 알기 위해서 우리는 어떻게 해야 할까요? 무엇보다도 말씀을 읽고 기도하는 훈련을 해야 합니다. 그리하여 하나님께서 우리를 돕기 위해 보내신 성령님과 친밀한 교통을 이루어야 합니다. 사무엘이 기도를 쉬는 죄를 범치 않겠다고 말한 것처럼 기도하지 않는 것은 올바른 신앙이 아닙니다. 성경은 "믿음은 들음에서 나며 들음은 그리스도의 말씀으로 말미암았느니라(롬 10:17)."고 말씀합니다. 하나님의 말씀을 읽고 기도하는 것이 신앙성장의 지름길입니다. 그런 의미에서 말씀과 기도가 균형 잡힌 신앙생활은 우리 영혼의 양식을 채워주는 최고의 식단이라고 할 수 있습니다.

특별히 새벽, 세상과 접촉하기 전에 하나님의 말씀을 묵상하고 기도하는 것은 영적 성장에 큰 도움을 줍니다. 미명의 새벽기도 시간은 하나님의 특별한 기름 부음이 있는 시간이며 성령님과 깊은 교제를 지속할 수 있는 은혜의 시간입니다. 그러므로 저는 성도 여러분이 새벽에 깨어 기도와 말씀 읽기에 힘쓰기를 권면합니다. 몸의 근육을 쓰지 않으면 약해지는 것처럼 말씀과 기도생활을 게을리 하면 영적 근육이 약해지게 됩니다. 매일 꾸준히 말씀과 기도생활을 충실히 하여 영적 근육을 강화 시킬 때 어떠한 풍랑이 다가와도 거뜬히 이길 수 있는 믿음을 얻게 됩니다.

이 책은 여러분의 말씀과 기도생활을 도와 영적 근육을 강화시키는 방법을 담고 있습니다. 그동안 설교와 책을 통해 강조한 4차원의 영성을 바탕으로 하여 성령님과 긴밀히 교제하고, 우리의 영적 코드를 성령님의 것으로 맞추는 데 중점을 두었습니다. 물론 21일이라는 기간은 영성의 기초 체력을 다지는 기간일 뿐입니다. 우리는 이 책을 통해서 발견한 진리들을 꾸준히 삶 속에서 실천하고 또 전하며 살아야 합니다. 성령님께서 많은 분들을 이와 같은 삶으로 인도하시기 원합니다.

2008. 6.
여의도순복음교회
원로목사 조용기

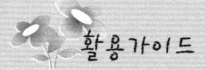 활용가이드

이렇게 **활용**하세요

예배의 성공자가 인생의 성공자입니다. 예배를 통해 하나님을 만나고 그분의 뜻과 우리의 뜻이 일치되는 경험을 한 사람은 더 깊은 하나님과의 교제를 추구하게 됩니다. 하나님과 만나는 시간이 많으면 많을수록 우리 삶은 풍요로워집니다. 또 하나님과 동행하는 시간이 늘어날수록 우리는 사명을 이루며 살 수 있습니다.

이 책은 4차원의 영성을 체득하는데 도움을 줍니다. 즉 성령님과의 깊은 만남을 주선해주는 다리 역할을 하는 것입니다. 그러므로 되도록 이 책을 통해 묵상할 때에는 아무에게도 방해받지 않고 하나님께 집중할 수 있는 시간을 정하는 것이 좋습니다(새벽과 밤). 혹은 규칙적으로 시간을 정해놓고 소그룹 및 단체에서 교재로 활용하여 진도를 나가는 것도 좋습니다. 분명한 것은 일정한 시간을 하나님께 드리려는 결심이 반드시 필요하다는 것입니다.

하루 30분이라도 하나님께 집중할 수 있는 시간을 갖는 훈련을 하십시오. 하루 24시간을 주신 하나님께 시간의 예물을 드리십시오. 시간의 예물을 드리면 하나님께서 나머지 시간을 더욱 풍성하고 의미 있게 채워주십니다. 이 책에서 제시한 21일 동안의 신앙훈련은 우리의 영적 코드를 4차원의 영성으로 맞추는 시간입니다. 이후에도 꾸준하게 실천하여 그 시간이 생애 전체로 확대되고, 그 영역이 삶의 모든 현장으로 확장되길 바랍니다.

효과적인 묵상 순서

1 **[찬송]** 찬송으로 하나님께 영광을 돌리고 우리의 마음을 엽니다.
2 **[읽기]** 하나님의 음성 듣기를 사모하는 마음으로 본문 말씀을 읽습니다.
3 **[암송]** 그날 주어진 성경 말씀을 외웁니다.
4 **[기도]** 오늘 배우는 말씀이 삶에 적용될 수 있도록 기도 주제를 놓고 기도합니다.
5 **[묵상]** 그날의 메시지를 읽으며 깨달음을 얻을 수 있도록 노력합니다.
6 **[적용]** 삶으로 떠나는 질문을 곰곰이 생각하면서 답하고, 도전할 내용이 무엇인지 적습니다.
7 **[기도]** 기도 예시문을 바탕으로 마무리 기도를 합니다.

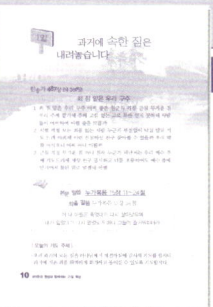
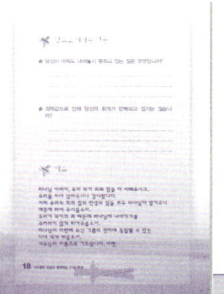

머리말

활용가이드

1장 마음의 짐 내려놓기
1일 과거에 속한 짐은 내려놓습니다	10
2일 새롭게 변화된 모습을 바라봅시다	19

2장 성공을 부르는 생각
3일 좋으신 하나님만 바라봅시다	28
4일 하나님의 무지개 약속을 기대하십시오	35
5일 행복한 자화상을 세웁시다	42
6일 십자가의 승리를 기억합시다	50

3장 말씀으로 세우는 믿음
7일 레마의 말씀은 믿음의 근거입니다	58
8일 믿음은 도전입니다	66
9일 믿는 대로 거두게 하십니다	75
10일 믿음에 시련은 있어도 실패는 없습니다	83

4장 마음하늘에 품는 꿈

11일 하나님이 주신 꿈을 잡으십시오	92
12일 변화는 꿈을 통해 시작됩니다	99
13일 고난 가운데도 이루십니다	107
14일 최선을 다하고 기다리십시오	114

5장 선포해야 할 4차원의 말

15일 창조적인 언어는 미래를 바꿉니다	124
16일 칭찬하는 사람이 되십시오	132
17일 감사는 기적을 낳습니다	140
18일 자신을 축복하십시오	146

6장 삶 속에서의 훈련

19일 기도는 삶의 예방주사입니다	154
20일 말씀은 하나님의 생각과 뜻입니다	162
21일 성령님과 동행하는 삶은 성공합니다	171

1장
마음의 짐 내려놓기

사람은 마음먹기에 따라
행복하기도 하고 불행하기도 하다
- 몽테뉴

1일 과거에 속한 짐은 내려놓습니다

찬송가 487장 (새 369장)
죄 짐 맡은 우리 구주

1. 죄 짐 맡은 우리 구주 어찌 좋은 친군지 걱정 근심 무거운 짐 우리 주께 맡기세 주께 고함 없는 고로 복을 얻지 못하네 사람들이 어찌하여 아뢸 줄을 모를까
2. 시험 걱정 모든 괴롬 없는 사람 누군가 부질없이 낙심 말고 기도 드려 아뢰세 이런 진실하신 친구 찾아볼 수 있을까 우리 약함 아시오니 어찌 아니 아뢸까
3. 근심 걱정 무거운 짐 아니 진자 누군가 피난처는 우리 예수 주께 기도드리세 세상 친구 멸시하고 너를 조롱하여도 예수 품에 안기어서 참된 위로 받겠네 아멘

본문 말씀 누가복음 15장 11~24절

외울 말씀 이사야 43장 18절

너희는 이전 일을 기억하지 말며 옛날 일을 생각하지 말라

| 오늘의 기도 주제 |

· 우리 과거의 모든 짐을 하나님께서 해결하심에 감사의 기도를 합시다.
· 과거에 지은 죄를 완벽하게 회개하고 돌이킬 수 있도록 기도합시다.

> 과거의 습관과 패턴을 깨는 것이 변화를 위한 열쇠이다.
> – 낸시 H.

　　　　사람은 살면서 몇 번의 결정적인 기회를 만나게 됩니다. 이 기회를 어떻게 받아들이느냐에 따라 사람의 인생은 180° 달라집니다. 특히 기회라는 것은 삶의 변화와 함께 다가옵니다. 그 기회는 부담과 불편함으로 받아들여질 수도 있습니다. 그래서 많은 사람들이 자신에게 찾아온 기회를 외면하기도 합니다. 이때는 자신에게 다가온 기회를 스스로 발로 차 버리는 격이 됩니다. 반대로 우리에게 찾아온 변화를 잘 이용하면 재도약의 계기가 될 수 있습니다. 영어 단어 change(변화)에서 'g'를 'c'로 바꾸면 chance(기회)가 됩니다. 변화는 곧 기회라는 말입니다. 당신은 지금까지 당신의 인생에 다가온 변화를 어떻게 받아 들였습니까? 이전의 습관과 생활이 편하다고 해서 변화의 기회를 저버리지는 않았습니까?

　저는 오늘부터 당신에게 새로운 변화의 기회를 제공하고

자 합니다. 3차원의 세계에 길들여진 생각, 믿음, 꿈, 말을 4차원의 영성으로 변화시키고자 하는 것입니다. 여기서 제시하는 것들은 우리가 지금까지 살아온 삶의 방식과 다를 수 있습니다. 하지만 이전에 알고 있던 모든 삶의 습관에서 벗어나 지금 당신에게 다가온 변화를 기회로 받아들이십시오. 그러면 이미 하나님의 계획에 동참하게 된 것입니다. 하나님이 주인이 되어 우리 삶을 인도해 나가실 때 나타나는 생명력 넘치는 인생을 경험해보시기 바랍니다.

4차원의 영성으로 우리의 생각, 믿음, 꿈, 말을 변화시키기 위해서는 먼저 마음에 있는 과거의 짐들을 내려놓아야 합니다. 과거의 짐들을 지고서는 하나님을 만나는 문으로 들어갈 수가 없습니다.

그럼에도 불구하고 많은 그리스도인들이 과거의 짐을 내려놓지 못한 채 신앙생활을 유지합니다. 그들은 예수님을 믿는다고 하면서도 '나 같은 사람도 하나님께서 사랑하실까?'라는 고통스러운 질문을 스스로에게 합니다. 그들은 자신이 과거에 지은 죄와, 또 지금도 짓고 있는 죄 때문에 하나님 앞에 나서길 두려워합니다. 하지만 하나님은 우리가 그 죄의 짐들을 내려놓고 나아오길 기다리고 계십니다.

아버지의 마음

누가복음 15장에 보면 배은망덕을 넘어서 패륜적인 불효를 행한 아들이 나옵니다. 이 탕자(蕩子)는 아버지가 멀쩡하게 살아계심에도 불구하고 유산을 달라고 합니다. 더는 자신의 삶에 아버지가 필요 없으니 돈이나 달라는 것입니다. 그렇게 억지를 부려서 아버지에게 타낸 돈을 가지고 그는 먼 나라로 홀연히 떠나 버립니다. 그리고 자기 마음대로 모든 돈을 허랑방탕하게 허비합니다. 그 끝은 불 보듯 뻔합니다.

탕자는 결국 모든 재산을 탕진하고 유대인들이 가장 혐오스럽게 생각하는 돼지 치는 일을 하게 됩니다. 게다가 돼지 먹는 쥐엄 열매로 배를 채우며 자신이 아버지에게 지은 죄를 절실히 깨닫습니다. 이렇게 밑바닥 생활까지 하게 된 탕자는 결국 아버지에게 돌아가 죄를 회개하고 품꾼이라도 좋으니 받아만 달라고 애원합니다. 그 스스로 죄에서 자유롭지 못하기 때문에 그는 자신을 아버지의 아들이라 일컫지 못하고 품꾼으로 여겨달라고 한 것입니다. 하지만 아버지의 마음은 달랐습니다. 아버지는 돌아온 아들을 보고 한걸음에 달려갑니다. 체면도 체통도 다 버려두고 둘째 아들을 향해 자신의 사랑을 표현합니다. 둘째 아들은 그런 아버지의 사랑에 더욱 죄송한 마음이 들어 이렇게 말합니다.

"하늘과 아버지께 범죄 한 저는 더 이상 아버지의 아들이라고 할 수 없습니다. 그냥 품꾼의 하나로 삼아 주십시오."

자신의 죄가 너무나 크기 때문에 아버지의 자식이라 할 수 없다는 것입니다. 하지만 아버지의 생각은 달랐습니다. 아버지는 돌아온 아들을 위해서 살진 송아지를 잡고 잔치를 베풀어 줍니다. 이것이 바로 자식을 사랑하는 아버지가 베푸는 은혜입니다. 그 아버지는 아들에게, 왜 그런 죄를 지었는지 혹은 그가 완벽하게 회개하고 돌아왔는지 캐묻지 않았습니다.

하나님 아버지는 어떤 분입니까? 그는 탕자의 아버지보다 더 크고 넓은 마음을 가진 분이십니다. 우리가 탕자와 같이 아버지에게로 돌아가기만 하면 그분은 우리를 위해 잔치를 베풀어 주십니다. 그런데도 많은 사람들이 돼지우리에서 벗어나지 못하고 아버지께 돌아가지 못하고 있습니다. 아버지를 만나서도 자신을 품꾼으로 여겨 달라는 둘째 아들처럼 하나님의 자녀이면서도 아버지의 사랑을 받을 자격이 없다고 스스로 생각합니다.

이것이 얼마나 어리석은 일입니까? 우리를 위한 잔칫상이 준비되어 있음에도 불구하고 그 자리에 다가서길 두려워합니다. 둘째 아들처럼 하나님과 사람들에게 잘못한 지난 일들 때문에 괴로워하는 것입니다. 회개했어도 마음에 죄책감을 가지고 있습니다. 그래서 계속 괴로워하고, 낙심하고, 절망합니다.

하지만 분명한 사실은 하나님께서는 다 용서하셨고 정죄하지 않으신다는 것입니다. 더불어 우리가 가지는 죄책감까지도 모두 치유해주실 수 있는 분이십니다. 우리를 억누르고 있는 과거의 짐을 이제 모두 내려놓으십시오. 하나님께서 이미 그 죄 값을 치러 주셨습니다. 하나님께서 준비하신 즐거운 잔치 앞에서 더 이상 서성거리지 마십시오. 당신을 위해 차려진 잔치에 들어와서 마음껏 즐기고, 하나님의 사랑을 만끽하십시오.

값은 이미 지불 되었다

유럽을 꼭 가고 싶었던 한 소년이 어렵사리 돈을 모아서 유럽을 여행할 수 있는 배의 티켓을 샀습니다. 그런데 겨우겨우 돈을 모았던 터라 음식 사먹을 돈은 준비하지 못했습니다. 그렇게 며칠을 견디다 이 소년은 거의 아사직전에 이르렀습니다. 그래서 음식이 차려져있는 식당에 가서 지배인에게 간청하기를 "너무 배가 고파서 죽을 지경입니다.

남은 음식이라도 좋으니 조금만 주십시오."라고 말했습니다. 그러자 지배인은 엄한 표정으로 배의 티켓을 가지고 있느냐고 물었습니다. 이내 소년은 주머니에서 티켓을 꺼내어 보여주었습니다. 그러자 지배인은 웃으면서 이 티켓에는 유럽으로 가는 운임뿐 아니라 이 배에서 먹고 즐길 수 있는 모든 비용이 포함되어 있다며 마음껏 음식을 먹어도 좋다고 말했습니다.

혹시 당신도 지금 이 소년과 같은 어리석음을 범하고 있지는 않습니까? 우리의 죄 값도 이미 다 지불되었습니다. 예수님이 십자가에서 우리의 죄 값을 다 치르셨습니다. 삶을 짓누르던 산더미 같은 문제들도 이미 다 해결되었습니다. 그런데도 이 사실을 깨닫지 못하고 믿지 못해서 아직도 인생의 굶주림 속에서 신음하고 있지는 않습니까? 더 이상 괴로워 할 필요가 없습니다. 하나님이 베푸시는 은혜를 감사함으로 누리기만 하면 됩니다.

당신의 죄가 너무 크기 때문에 혹은 너무 많은 죄를 지었기 때문에 하나님께 나아오기를 두려워하고 있습니까? 하나님께서 못 품으실 죄인은 없습니다. 하나님의 사랑과 용서의 능력을 과소평가하지 마십시오. 이제 이 복된 사실을 믿고 실패의 자리에서 툴툴 털고 일어나십시오. 실패보다 무서운 것은 실망감입니다. 하지만 '절대 절망'의 상황에서도 '절대 희망'을 주시는 하나님께서는 우리의 실패한 영혼은 물론 실패로 짓눌린 감정까지도 고쳐주십니다. 더 이상 방황하지 마시고 얽매이기 쉬운 과거에 속한 모든 짐을 주님 발 앞에 내어놓고 복된 삶을 누리기 바랍니다.

삶으로 떠나는 질문

✲ 당신이 아직도 내려놓지 못하고 있는 짐은 무엇입니까?

....

....

....

✲ 죄책감으로 인해 당신의 회개가 반복되고 있는 것은 무엇입니까?

....

....

....

기도

하나님 아버지, 우리의 지난 허물과 죄짐을 기억지않으시고,
우리를 자녀 삼아주시니 감사합니다.
지금 이순간부터 더이상 탕자가 아닌
아버지의 자녀로 살 것을 다짐하오니,
과거의 죄 때문에 하나님께 나아가기를
주저하지 않게 하여 주옵소서.
하나님이 마련해 두신 기쁨의 잔치에 동참할 수 있는
자녀가 되게 하심을 감사하며
예수님의 이름으로 기도합니다. 아멘.

2일 새롭게 변화된 모습을 바라봅시다

찬송가 493장 (새 436장)
나 이제 주님의 새 생명 얻은 몸

1. 나 이제 주님의 새생명 얻은 몸 옛것은 지나고 새사람이로다
   그 생명 내 맘에 강같이 흐르고 그 사랑 내게서 해같이 빛난다
2. 주 안에 감추인 새생명 얻으니 이전에 좋던 것 이제는 값없다
   하늘의 은혜와 평화를 맛보니 찬송과 기도로 주 함께 살리라
3. 산천도 초목도 새것이 되었고 죄인도 원수도 친구로 변한다
   새생명 얻은 자 영생을 맛보니 주님을 모신 맘 새 하늘이로다
4. 주 따라가는 길 험하고 멀어도 찬송을 부르며 뒤따라 가리라
   나 주를 모시고 영원히 살리라 날마다 섬기며 주 함께 살리라
   [후렴] 영생을 맛보며 주 안에 살리라 오늘도 내일도 주 함께 살리라

본문 말씀 열왕기상 3장 4~15절

외울 말씀 고린도후서 5장 17절

그런즉 누구든지 그리스도 안에 있으면 새로운 피조물이라
이전 것은 지나갔으니 보라 새 것이 되었도다

| 오늘의 기도 주제 |

· 하나님 안에서 새롭게 거듭난 삶을 살 수 있도록 기도합시다.
· 우리를 향한 하나님의 크고 놀라운 계획에 동참할 수 있도록 기도합시다.

> 기적은 항상 새로워진 마음에서 시작된다.
> – 4차원의 영성

지혜의 대명사로 불리는

솔로몬은 다윗의 뒤를 이어 이스라엘의 전성기를 이루었던 왕입니다. 뿐만 아니라 이스라엘 왕 중에서 가장 많은 부와 명예를 누렸던 사람이기도 합니다. 이처럼 솔로몬은 하나님으로부터 많은 축복을 받았습니다. 그래서 오늘날까지도 많은 사람들이 선망의 대상으로 삼는 성경 인물 중에 한 명이기도 합니다.

그러나 솔로몬이 태어날 때부터 이처럼 축복받은 인생을 예고한 것은 아니었습니다. 솔로몬의 어머니는 음행을 저지른 밧세바였습니다. 그녀는 정식 부인도 아니었고, 유대인도 아니었습니다. 이방 여인이었으며 남편이 있었지만 다윗의 청을 허락하여 음행을 저지른 사람이었습니다. 다시 말해 솔로몬은 정통 히브리 혈통도 아니었고, 흔히 말하는 불륜의 두 주인공 다윗과 밧세바 사이에서 태어난 아들이었습니다. 그것도 첫째도 아닌 둘째 아들이었습니다. 어찌 보면

한 나라의 왕이 되기에는 부족하고 부끄러운 출생 배경을 가지고 있었습니다. 그럼에도 불구하고 솔로몬은 이스라엘의 위대한 왕이 되었습니다. 또 하나님으로부터 지혜를 얻어 이스라엘뿐만 아니라 고대 중동에서 가장 지혜로운 왕이 되었습니다. 어떻게 이러한 일이 가능했을까요?

이유는 단 하나, 하나님이 그와 함께하셨다는 것입니다. 그는 출신과 배경, 서열 등 아무 것도 내세울 것이 없었지만 하나님은 그런 솔로몬에게 멋진 인생을 마련하셨습니다. 그 또한 그러한 하나님을 신뢰하고 의지했습니다. 아무리 보잘것없고 부족한 사람이라도 하나님께서 함께하시면 멋진 인생의 주인공이 될 수 있습니다. 과거에 그가 어떤 인생을 살았느냐는 중요하지 않습니다. 하나님이 우리 인생에 관여하시는 순간부터 우리는 새로운 삶을 기대할 수 있습니다. 그러므로 새롭게 변화된 삶을 살기 위해서는 뒤를 돌아보지 않고 하나님을 바라봐야 합니다. 솔로몬이 그러했던 것처럼 말입니다.

하나님의 계획에 동참하라

솔로몬은 하나님께서 주신 새 출발의 기회가 주어졌을 때, 온전히 하나님 앞으로 더 가까이 나아갔습니다. 왕 위에 오르자마자 그가 한 일은 모든 신하들을 데리고 예배를 드린 것이었습니다. 왕위에 오르면 해야 할 일이 참 많습니다. 아버지 다윗의 위대한 업적을 이어가기 위해 국정파악 등 해야 할 일이 많았을 것입니다. 그러나 솔로몬은 하나님을 만나는 시간을 가장 소중히 여겼습니다. 그는 자신에게 왕위를 주신 분도 하나님이고, 왕위를 잘 이어갈 수 있도록 하실 분도 하나님이라는 사실을 알고 있었기 때문입니다. 그는 우리 인생의 주인이 누구인지 바로 알고 있었습니다. 그래서 솔로몬은 왕위에 오르자마자 다른 모든 일들을 다 제쳐두고 하나님께 정성껏 예배를 드렸습니다. 그리고 기브온에서 일천번제를 드리며 하나님의 마음을 감동시켰습니다. 짐승 일천 마리로 번제를 드린다는 것은 쉽지 않은 일입니다. 일단은 1,000마리의 짐승을 바치기 위해서는 엄청난 물질이 듭니다. 또한 1,000마리를 다 태워서 번제를 드리려면 엄청난 시간이 소요됩니다. 그런데도 솔로몬은 번제를 다 드리고 난 뒤에도 산당에 그 날 밤까지 계속 있었습니다. 많은 물질뿐 아니라, 시간과 정성을 다하며 마음을 드리는 제사를 하나님께 올린 것입니다. 그런 솔로몬을 어여삐 여기신 하나님은 솔로몬의 꿈에 나타나셔서 무엇이든 구하는 것을 다 주겠다고 말씀하십니다. 그때 솔로몬은 먼저 자신에게 새로운 인생을 주신 분이 하나님이심을 고백합니다. 자신이 구하고자 하는 것을 말하기에 급급해하지 않고 자신에게 베풀어주신 하나님의 큰 은혜에 먼저 감사했습니다. 그리고 왕으로서 백성을 잘 다스릴 수 있도록 지혜를 달라고 말했습니다.

이처럼 솔로몬은 자신의 인생을 축복해 주신 하나님께 시간과 재물을 바치는 것을 아까워하지 않았고 항상 하나님의 도우심과 은혜를 간구하였습니다. 그래서 그는 떳떳하지 못한 출생 배경이나 서열에 상관없이 이스라엘 왕으로 크게 쓰임 받을 수 있었던 것입니다.

하나님은 솔로몬뿐 아니라 우리를 향해서도 놀라운 계획을 갖고 계십니다. 또 그 계획을 위해 모든 준비를 다 해놓으셨습니다. 우리를 도울 사람도 준비하셨고, 모든 상황과 형편도 예비해 놓으셨습니다. 이제 그 계획에 믿음으로 참여하기만 하면 됩니다. 자신이 처한 환경과 능력에 의지하여 살던 습관을 버리고 철저하게 하나님과 새로운 삶을 계획하고 출발해야 합니다. 머뭇거리거나 주저할 필요가 없습니다. 내세울 것 없는 우리의 출신과 배경, 모난 성품, 허물과 죄악들이 하나님의 계획을 막지 못합니다. 고린도후서 5장 17절 말씀은 '그런즉 누구든지 그리스도 안에 있으면 새로운 피조물이라 이전 것은 지나갔으니 보라 새 것이 되었도다.' 라고 전하고 있습니다. 예수 그리스도를 구주로 영접한 우리가 새 사람이 되었다는 것을 증명해주는 말씀입니다. 그러므로 우리는 변화된 새 모습을 바라보며 하나님과 손잡고 새로운 인생을 출발해야 하는 것입니다. 더 이상 과거의 죄악이나 죄책감 때문에 새로운 출발을 망설일 필요가 없습니다. 하나님께서는 우리의 앞길에 탄탄대로를 준비하셨고, 영원한 기쁨과 희열을 예비해 놓으셨습니다.

빈손으로 하나님 앞에 나아가라

나아가 새롭게 변화된 인생을 살기 위해서는 그에 걸맞은 새로운 태도와 자세가 필요합니다. 즉, 우리의 능력을 철저히 부인하고 오직 하나님의 능력만을 의지하는 태도입니다. 스스로 아무 것도 아님을 인정하고 하나님의 손길을 구하면 그분은 언제나 도움의 손길을 뻗어 보이십니다. 그래서 우리는 두 손 들고 하나님께 나아가야 합니다. 이때 과거의 모든 짐뿐만 아니라 우리의 힘으로 일궜던 모든 성과들도 내려놓아야 합니다.

믿음의 조상이었던 아브라함은 하나님 앞에서 자신의 과거는 물론 현재와 자신이 꿈꿔왔던 미래까지 모두 내려놓았습니다. 자신이 일궈온 75년간의 세월, 혈연, 지연을 내려놓고 빈손으로 하나님의 부름에 따랐습니다. 그리고 먼 타국 땅으로 이동해야 했습니다. 당장의 안전까지 위협받는 상황이었지만, 하나님의 명령에 순종하며 나아갔습니다. 심지어 100세에 얻은 귀한 아들 이삭을 바치라는 하나님의 명령에도 묵묵히 순종했습니다. 이러한 아브라함을 우리가 믿음의 조상이라 부를 수 있는 것은 그가 자신의 과거, 현재, 미래의 모든 것을 하나님 앞에 내려놓고 하나님과의 새로운 시작을 바라봤기 때문입니다. 그는 하나님이 명령하실 때, 자기가 갖고 있는 모든 것을 버리고 하나님과 함께 새 출발을 한 사람이었습니다.

그런데 우리는 하나님을 신뢰한다면서도 우리가 쌓아온 업적을 놓지 못하거나 죄책감에서 자유롭지 못합니다. 이러한 태도가 하나님과의 새로운 시작을 가로막습니다. 이제 우리는 과거에 가졌던 불편한 마음과 죄악들뿐 아니라 좋았던 것들까지 손에서 내려놓아야 합니다. 과거와 현재와 미래까지 하나님께 맡겨야 하는 것입니다. 우리가 빈손으로 하나님께 나아가야만 하나님께서 우리 손을 꼭 잡아 주시며 더 좋은 것으로 가득 채워주실 수 있습니다. 그때 비로소 새롭게 변화된 삶이 시작됩니다.

삶으로 떠나는 질문

✱ 하나님과의 새로운 출발을 방해하는 요소는 무엇입니까?

....
....
....

✱ 당신의 삶 속에서 하나님의 능력이 나타나길 기대하는 부분이 있다면 무엇입니까?

....
....
....

기도

하나님 아버지, 이제 과거의 삶을 내려놓고
하나님과 새로운 삶을 살겠습니다.
믿음을 가지고 하나님과 손잡고 새로운 인생을 향해
출발하오니 멋진 미래를 허락해 주십시오.
우리의 욕심과 죄의식이 하나님의 계획에
장애물이 되지 않게 해주십시오.
하나님과 함께하면 기적의 구경꾼에서
기적의 주인공으로 살게 될 것을 믿습니다.
예수님의 이름으로 기도합니다. 아멘.

2장
성공을 부르는 생각

끊임없이 성공을 생각하라
그러면 성공을 거두게 될 것이다
- *4차원의 영성*

좋으신 하나님만 바라봅시다

찬송가 411장 (새 563장)

예수 사랑하심은

1. 예수 사랑하심은 거룩하신 말 일세 우리들은 약하나 예수 권세 많도다
2. 나를 사랑하시고 나의 죄를 다 씻어 하늘 문을 여시고 들어가게 하시네
3. 내가 연약할수록 더욱 귀히 여기사 높은 보좌 위에서 낮은 나를 보시네
4. 세상사는 동안에 나와 함께 하시고 세상 떠나 가는 날 천국가게 하소서

[후렴] 날 사랑하심 날 사랑하심 날 사랑하심 성경에 써있네 아멘

본문 말씀 마가복음 1장 40~45절

외울 말씀 창세기 21장 6절

사라가 이르되 하나님이 나를 웃게 하시니
듣는 자가 다 나와 함께 웃으리로다

| 오늘의 기도 주제 |

· 우리를 정죄하지 않으시고 풍성히 사랑해주시는 하나님께 감사의 기도를 드립시다.
· 환경을 뛰어넘는 참된 평안을 위해 기도합시다.

하늘을 바라보라. 그러면 땅을 덤으로 얻게 될 것이다.
땅을 바라보라. 그러면 아무 것도 얻지 못할 것이다.
- C.S. 루이스

지금 저는 하나님 안에서 복된 삶을 누리고 있습니다. 그러나 저도 하나님을 알기 전에는 매우 고통스러운 삶에 허덕여야 했습니다. 어린 시절 폐병을 앓던 저는 가난한 탓에 제대로 먹지 못해 영양실조까지 걸렸습니다. 당연히 폐병은 더욱 악화되었고, 이로 인해 죽을 위기에 처하기도 했습니다. 병으로 인해 학업까지 중단해야 했으니 마음엔 당연히 절망뿐이었습니다.

그런 제게 예수님이 찾아오셨습니다. 한 여고생이 저에게 성경을 전해줬고 저는 성경을 통해서 하나님을 만나 새 삶을 얻게 되었습니다. 하나님을 만나게 되자, 모든 문제들이 해결되기 시작했습니다. 건강이 회복되었고, 신학을 공부하게 되었으며, 하나님의 사역에 쓰임 받는 사람이 되었습니다. 게다가 하나님은 저의 모든 사역을 축복해 주셨습니다. 하나님은 절망뿐인 저에게 진정한 기쁨을 주셨고, 저는 그 기쁨과 참된 평안을 많은 사람들에게 전하는 일을 하고 있습니다. 저뿐 아니라 누구라도 좋으신 하나님을 바라보면 그분이 주시는 참된 평안을 누릴 수 있습니다.

모든 문제를 해결해주시는 하나님

마가복음 1장에 보면 절대 절망 가운데 있는 문둥병자가 나옵니다. 그는 자신의 병 때문에 사랑하는 가족과 떨어져 살아야만 했습니다. 당연히 그에게 다가오는 사람은 한 명도 없었습니다. 아예 사람들을 만날 수 없는 외롭고 고독한 삶을 살았습니다. 당시 문둥병자는 하나님께 저주받은 사람이라는 낙인이 찍혀 있었습니다. 그러다보니 문둥병자는 몸에서만 진물이 나고 문드러지는 것이 아니라 마음과 영혼도 썩어가고 있었습니다. 그렇게 몸과 마음이 썩어가던 문둥병자에게 희소식이 들려왔습니다. 어떠한 병이라도 고칠 수 있는 예수님에 대한 소문이었습니다. 게다가 예수님은 그 누구도 외면하거나 거절하지 않으시는 분이라고 들었습니다. 그는 용기를 내서 예수님을 찾아갔습니다. 가다가 사람들이 던지는 돌에 맞아 죽을 수도 있었지만 자신의 인생을 바꿔줄 수 있는 분은 오직 예수님밖에 없다는 사실에 용기를 얻었습니다.

그의 생각대로 예수님은 참 좋으신 분이었습니다. 예수

님은 혐오스러운 몰골로 찾아온 이 문둥병자를 외면하지 않으셨습니다. 오히려 그의 몸에 손을 얹고 고쳐주셨습니다. 그 누구도 그의 몸에 손대기는커녕 가까이 가기도 꺼려 했었습니다. 그런데 예수님은 그런 자신의 몸에 손을 대면서 치료해주셨습니다. 그러자 그는 육신의 문둥병뿐 아니라 심령의 문둥병까지도 고침 받게 되었습니다. 이처럼 예수님은 우리 육신의 병뿐 아니라 영혼의 병까지 치유해주시기 원하십니다.

우리가 스스로 생각하기에 쓸모없고 빈털터리 인생이더라도 상관없습니다. 하나님과 함께하면 모든 문제가 해결됩니다. 우리가 믿는 하나님은 우리가 생각하지도 못한 문제까지도 완벽하게 해결해주실 수 있는 분입니다. 모두가 손가락질하고 욕하는 쓸모없는 존재라도 괜찮습니다. 좋으신 하나님은 그 누구라도 거부하지 않으십니다. 오히려 보잘 것 없는 우리들에게 먼저 찾아와 주시고 사랑으로 만져주시고 보듬어 주십니다. 세상 사람들이 만들어 놓은 기준이나 차별의 벽은 하나님의 사랑을 막을 수 없습니다.

예수님은 이방 사람에게도 기적을 베푸시고, 가난한 사람에게 부요함을 주시고, 약한 사람을 자신의 귀한 사역에 동참시키셨습니다. 예수님이 우리 삶에 오시면 절대 희망의 삶을 선물 받게 되는 것입니다. 그 어떤 사람도 하나님의 사랑에서 예외일 수 없고, 하나님의 사랑에서 벗어날 수 없습니다. 하나님은 '그러나 이 모든 일에 우리를 사랑하시는 이로 말미암아 우리가 넉넉히 이기느니라 내가 확신하노니 사망이나 생명이나 천사들이나 권세자들이나 현재 일이나 장래 일이나 능력이나 높음이나 깊음이나 다른 어떤 피조물이라도 우리를 우리 주 그리스도 예수 안에 있는 하나님의 사랑에서 끊을 수 없으리라(롬 8:37~39).' 라고 약속하셨습니다. 이 말씀을 붙들고 우리를 승리자로 만들어주시는 좋으신 하나님을 바라봅시다. 그때 우리를 붙들고 있는 모든 죄악의 문제들이 해결됩니다.

무한한 하나님의 사랑

이제 당신의 머릿속에 있는 하나님에 대한 생각을 완전히 바꾸십시오. 하나님은 우리에게 절반만 주시고, "나머지는 네가 채워라."라고 말씀하시는 분이 아닙니다. 우리의 모든 것을 그분이 친히 담당하고 해결해주실 준비를 하고 계십니다. 살진 송아지를 잡아 우리에게 즐거운 잔치를 베푸실 좋으신 하나님에 대한 생각으로 당신의 생각을 바꾸십시오. 우리에게서 한시도 눈을 떼지 않고 불꽃과 같은 눈동자로 주목하시는 하나님과 눈을 마주치십시오.

   실패한 인생이라도 괜찮습니다. 기회를 날려버린 사람도 무방합니다. 하나님께서는 실패를 승리로, 근심을 기쁨으로, 걱정거리를 자랑거리로 바꿔주십니다. 좋으신 하나님은 제한된 세상의 기준으로 우리를 바라보지 않습니다. 하나님은 무한한 사랑으로 우리를 대하시고, 넉넉한 품으로 우리를 초청하십니다. 이제 하나님과 마주 서서 눈을 맞추고, 그분의 품 안에서 평안한 안식을 누리십시오.

삶으로 떠나는 질문

✲ 평소 하나님에 대한 당신의 이미지는 어떠합니까?

....
....
....

✲ 당신은 낙담했을 때 가장 먼저 누구의 얼굴을 떠올립니까?

....
....
....

기도

하나님 아버지, 빈 그릇같이 실패한 우리 인생에 찾아와
은혜와 사랑으로 가득 채워 주시니 감사합니다.
이제 좋으신 하나님만 바라보며 하나님이 주시는
참된 기쁨을 누리며 살아가게 해주시옵소서.
우리의 능력이 아니라 하나님의 능력으로
이 땅에서 승리하는 인생을 살게 하옵소서.
예수님의 이름으로 기도합니다. 아멘.

4일 하나님의 무지개 약속을 기대하십시오

찬송가 384장 (새 585장)

내 주는 강한 성이요

1. 내 주는 강한 성이요 방패와 병기되시니 큰 환난에서 우리를 구하여 내시리로다 옛 원수 마귀는 이때도 힘을 써 모략과 권세로 무기를 삼으니 천하에 누가 당하랴
2. 내 힘만 의지할 때는 패할 수밖에 없도다 힘 있는 장수 나와서 날 대신하여 싸우네 이 장수 누군가 주 예수 그리스도 만군의 주로다 당할 자 누구랴 반드시 이기리로다
3. 이 땅에 마귀 들끓어 우리를 삼키려하나 겁내지 말고 섰거라 진리로 이기리로다 친척과 재물과 명예와 생명을 다 빼앗긴대도 진리는 살아서 그 나라 영원하리라 아멘

본문 말씀 창세기 9장 8~17절

외울 말씀 로마서 4장 21~22절

약속하신 그것을 또한 능히 이루실 줄을 확신하였으니
그러므로 그것이 그에게 의로 여겨졌느니라

| 오늘의 기도 주제 |

· 우리에게 베푸시는 하나님의 은혜를 기억하며 환경을 뛰어넘는 담대한 기도를 합시다.
· 하나님의 약속을 믿으며 상황을 긍정적으로 바라보게 해달라고 기도합시다.

> 내 생애 내 마음에 품었던 가장 중요한 것은
> 하나님에 대한 나의 신뢰이다.
> – 다니엘 웹스터

생각은 눈에 드러나진 않지만 삶에 있어서 매우 중요한 역할을 하고 있습니다. 생각의 씨를 뿌리면 행동의 열매를 거두고, 행동의 씨앗은 습관의 싹을 틔워 인격의 열매를 맺게 합니다. 인격은 인생 전반을 바꿀 수 있는 영향력 있는 요소이기에, 생각을 바꾸는 것은 인생을 바꿀 수 있는 가장 최소 단위이면서 가장 중요한 요소인 것입니다.

그런데 그만큼 중요한 생각이 보통 약 80% 정도는 부정적인 것으로 채워져 있다고 합니다. 한 마디로 우리가 애써 긍정적인 생각을 하지 않는 한 우리는 자연스럽게 부정적인 생각을 한다는 것입니다. 창세기 8장 21절에는 '사람의 마음이 계획하는 바가 어려서부터 악함이라.'고 되어 있고, 창세기 6장 5, 6절 말씀은 '여호와께서 사람의 죄악이 세상에 가득함과 그의 마음으로 생각하는 모든 계획이 항상 악할 뿐임을 보시고 땅 위에 사람 지으셨음을 한탄하사 마음에 근심하시고'라고 기록하고 있습니다. 이처럼 인간의 악한 생각과 부정적인 생각은 어려서부터 시작되었고 그 정도가 하나님께서 한탄하시고 근심하실 정도에까지 이르는 심각한 수준입니다.

하나님의 생각으로 채우라

그렇다면 왜 이렇게 우리의 생각에는 긍정적인 것보다 부정적인 것이 더 많을까요? 왜냐하면 마귀가 생각의 중요성을 잘 알고 있어서 잘못된 생각을 집어넣는 데 최선을 다하기 때문입니다. 잘못된 생각, 부정적인 생각의 씨앗만 뿌려놓으면 그 뒤는 알아서 망치는 인생, 병든 인생으로 전락할 수밖에 없다는 사실을 마귀는 잘 알고 있습니다.

그 대표적인 예를 예수님을 판 가룟 유다에게서 볼 수 있습니다. '마귀가 벌써 시몬의 아들 가룟 유다의 마음에 예수를 팔려는 생각을 넣었더라(요 13:2).' 이처럼 예수를 팔려는 생각을 마귀가 유다에게 심었기 때문에 유다가 예수님을 진짜로 팔아넘기게 된 것입니다. 지금도 마귀는 우리의 인생을 망치기 위해서 온갖 수단을 이용하여 부정적이고 악한 생각을 심으려 합니다.

그러므로 생각을 '생각나는 대로' 방치하면 안 됩니다. 마귀의 공격에 맞서 적극적으로 하나님의 생각을 채워야 합니다. 하나님의 생각으로 채운다는 것은 좋으신 하나님을 삶의 매순간에 떠올리는 것입니다. 인생의 기쁠 때나 슬플 때나 어느 때든지 좋으신 하나님이 내 곁에 계신다는 생각을 하는 것입니다. 그러면 자연스럽게 모든 상황을 긍정적으로 바라볼 수 있는 눈이 생깁니다. 전능하신 하나님을 떠올리면 부정적인 생각이 사라질 수밖에 없습니다. 빛이 어둠을 몰아내듯이 이러한 하나님의 생각을 품으면 부정적인 생각, 마귀의 생각은 자연스럽게 우리 안에서 쫓겨 나가게 됩니다.

하나님을 염두에 둔 계산법

다윗은 골리앗과의 맞대결에서 도저히 이길 수 없는 열악한 조건을 가지고 있었습니다. 이스라엘은 청동 무기를 사용하였고, 블레셋은 더 강한 철기 무기로 싸웠습니다. 특히나 그들 중 골리앗은 덩치만 큰 것이 아니라 이스라엘 사람들을 한꺼번에 쓸어버릴 정도로 큰 힘을 지니고 있는 장사였습니다. 당연히 이스라엘의 힘으로는 블레셋을 이길 수 없었습니다. 그래서 많은 이스라엘 민족들이 이미 포기한 상태였습니다. 하나님의 기름 부음을 받은 사울 왕 마저도 이 전쟁에서는 이미 패배했다고 생각했습니다.

그러나 다윗에게는 하나님이 함께하신다는 굳건한 믿음이 있었습니다. 그의 생각에는 오로지 승리뿐이었습니다. 그러니 환경이 눈에 들어올 리가 만무했습니다. 철로 만든 갑옷으로 완전 무장한 골리앗이 다가와도 두려워하는 생각이 들지 않았습니다. 사람들은 골리앗이 너무 크기 때문에 치기 어렵다고 생각했지만 하나님을 계산에 넣은 다윗의 생각에는 골리앗이 너무 크기에 자신이 던지는 물맷돌이 빗나가기 어렵다고 생각했습니다. 그리고 결국 승리는 하나님을 염두에 둔 다윗에게로 돌아갔습니다. 혹시 지금 상황이 너무 나빠서 도저히 이길 수 없다고 낙심하고 있습니까? 하나님을 염두에 두고 다시 한 번 계산해 보십시오. 우리가 지는 것은 도저히 불가능하다는 답이 나올 것입니다.

아프리카 영영사전에 Korean Spirit(한국인의 정신)이라는 단어가 수록되어 있는데, 그 뜻은 I Can Do(나는 할 수 있다)입니다. 불굴의 의지로 영하 50°가 되는 시베리아에서나 영상 50°에 육박하는 중동 사막에서도 주어진 일을 완수해내는 한국인의 저력을 보고 만들어진 단어입니다. 그 저력이 식민통치와 전쟁으로 잿더미가운데 있던 대한민국에 한강의 기적을 만들어 낸 것입니다.

그렇다면 그리스도인의 정신은 어떻게 표현할 수 있을

까요? 그리스도인의 정신은 '하나님과 함께라면 뭐든지 할 수 있다!' 입니다. 그리스도인은 무슨 일을 하든지 하나님을 염두에 두고 살아가는 사람입니다. 우리에게 승리를 약속하신 하나님과 함께하기에 뭐든지 할 수 있다고 생각하고 살아가는 것이 그리스도인의 정신이라고 할 수 있습니다.

실제로 우리 하나님은 무슨 일이든지 하실 수 있는 전능하신 하나님이십니다. 그리고 그 능력을 우리에게 기꺼이 베푸실 용의가 있으신 사랑의 하나님이십니다. 그 하나님과 함께라면 그 어떤 공격이나 어려움도 이겨낼 수 있습니다. 그렇게 긍정적인 생각을 가지면 하루를 웃으면서 시작할 수 있고, 하루를 웃으면서 지낼 수 있고, 하루를 웃으면서 마무리할 수 있게 됩니다.

노아의 심판 때 그치지 않을 것 같은 폭우 뒤에 하나님은 햇빛을 예비해두셨습니다. 마찬가지로 인생의 폭풍우가 아무리 거세다 하더라도 그 뒤에 도우실 하나님은 반드시 계십니다. 무지개는 그러한 하나님의 약속을 보여줍니다. 삶의 폭풍 가운데에서도 우리를 위해서 무지개를 준비하시는 하나님을 항상 생각하십시오. 이것이 어떠한 상황도 긍정적으로 해석할 수 있게 하는 가장 빠르고 정확한 방법입니다.

✸ 삶으로 떠나는 질문

✱ 하나님의 약속이 당신의 삶 가운데 나타나게 하기 위해 구체적으로 무엇을 준비하고 있습니까?

....
....
....

✱ 절망의 순간에도 긍정적인 생각을 품게 하는 당신만의 방법이 있다면 나눠봅시다.

....
....
....

✸ 기도

하나님 아버지, 우리를 구원하시고
푸른 초장으로 인도하여 주시니 감사합니다.
우리에게 항상 더 좋은 것을 주실 줄 믿습니다.
우리를 가장 좋은 길로 인도하여 주실 줄을 믿습니다.
이제 우리 삶의 모든 것을 가장 공의로우신 하나님께
맡기며 살게 하옵소서.
예수님의 이름으로 기도합니다. 아멘.

 ## 행복한 자화상을 세웁시다

찬송가 197장 (새 263장)

이 세상 험하고

1. 이 세상 험하고 나 비록 약하나 늘 기도 힘쓰면 큰 권능 얻겠네
2. 주님의 권능은 한없이 크오니 돌 같은 내 마음 곧 녹여주소서
3. 내 맘이 약하여 늘 넘어지오니 주 예수 힘 주사 굳세게 하소서
4. 죄 사함 받은 후 새사람 되어서 주 앞에 서는 날 늘 찬송하겠네

[후렴] 주의 은혜로 대속하여서 피와 같이 붉은 죄 눈같이 희겠네 아멘

본문 말씀 창세기 2장 4~8절
외울 말씀 에베소서 2장 10절

우리는 그가 만드신 바라 그리스도 예수 안에서 선한 일을 위하여 지으심을 받은 자니 이 일은 하나님이 전에 예비하사 우리로 그 가운데서 행하게 하려 하심이니라

| 오늘의 기도 주제 |

· 하나님 안에서 긍정적인 자화상을 품을 수 있도록 기도합시다.
· 우리의 약점을 드러내는 사탄의 부정적인 생각을 없애 달라고 기도합시다.

웃으라, 그러면 이 세상도 함께 웃을 것이다.
울어라, 그러면 너 혼자 울게 되리라.
— 윌콕스

저는 어린 시절부터 몸이 약해 여러 질병으로 고생해야 했습니다. 그래서 죽을 고비도 여러 번 넘겼고, 이로 인해 정규교육도 다 마치지 못했습니다. 어떤 분들은 제가 큰 교회 목회를 하기 때문에 학벌이 매우 좋을 것이라고 생각하지만, 제가 정식으로 학교를 다닌 것은 고등학교 1학년까지 뿐입니다. 게다가 성격도 내성적이라 남 앞에 서는 것이 결코 쉬운 일이 아니었습니다.

제가 열심히 영어 공부를 하긴 했지만, 제 영어 발음에는 항상 경상도 사투리가 섞여있어 그 달리 유창해 보이지 않습니다. 이처럼 건강, 학력, 성격, 발음 등 모든 요건을 보았을 때 저는 많은 사람 앞에서 설교를 하기에는 부족한 점이 많습니다.

과거에는 저의 이런 부족한 부분들이 자꾸 마음에 걸려 열등감에 사로잡히기도 했습니다. 스스로 하나님의 일을 하기에는 부족한 것이 너무 많다고 생각했기에 큰 좌절감을 맛보기도 했습니다. 하지만 이러한 생각은 하나님의 생각이 아니었습니다. 사탄의 공격이었습니다. 사탄은 우리의 약점을 정말 '귀신같이' 잘 알고, 그것을 공략합니다. 우리의 자신 없고 아픈 부분만 골라서 공세를 가합니다. 그래서 우리 인생을 패배자로 만들려고 합니다. 어떠한 환경에도 행복을 느끼지 못하게 하고, 만족이 없게 합니다. 우리 스스로 패배감에 젖게 만들어 결국엔 하나님의 일을 하지 못하게 만드는 것이 마귀의 궁극적인 목표이기 때문입니다.

약한 자를 높여주시는 하나님

물론 우리는 약합니다. 우리는 마귀가 속삭이는 대로 정말 능력이 없고, 죄에 쉽게 빠지며 매순간 믿음이 흔들리는 불완전한 존재입니다. 하지만 분명히 알아야 합니다. 우리가 하나님의 일을 할 수 있는 것은 재능이 있거나 똑똑해서가 아닙니다. 하나님은 우리의 있는 그대로의 모습을 사랑하시고, 그런 우리를 통해 일하십니다. 하나님께 필요한 것은 우리의 능력이 아니라 순종입니다.

능력 없음을 인정하고 하나님께 나아갈 때, 하나님은 우리의 약점을 감싸주십니다. 약점보다는 장점에 주목하시며, 우리를 통해 일하십니다. 하나님 안에서 우리는 강하고 담대해질 수 있는 것입니다. 제가 강단에 오르기를 두려워할 때 하나님께서는 이렇게 말씀하셨습니다.

"세상적인 기준으로 보면 너는 교육도 제대로 받지 못했고, 부족한 점이 많을 수 있다. 그러나 부끄러워할 것이 하나도 없다. 너의 능력은 세상 지식을 통해서 나오는 것이 아니란다. 지금 너 자신의 능력으로는 강단에 설 수 없다. 하지만 내가 너를 사용하고 있다. 나의 능력이 너를 통해서 나타날 것이다. 힘을 내라. 좌절하지 마라. 너는 내가 사용하는 귀한 도구이다."

저는 하나님의 이 말씀을 통해 저 자신이 하나님의 도구로서 얼마나 소중한 존재인지를 새삼 깨닫게 되었습니다. 그리고 더 이상 열등감에 사로잡히지 않을 수 있었습니다. 실패가 없으신 하나님과 함께하기에 저 자신 또한 승리자가 될 수 있었습니다.

당신은 하나님의 멋진 작품

성경에는 창조 때에 하나님이 인간을 만드시는 장면이 기록되어 있습니다. 이 장면에서 우리가 주목해 봐야 할 것이 있습니다. 히브리 원어에 의하면 하나님이 사람을 만들 때 사용하셨던 재료는 흙이 아니라 흙의 티끌입니다. 황토나 진흙 같은 재료가 아니라 바람에 휘날리는 먼지와 같이 매우 작고 보잘것없는 것이었습니다. 지금도 이 땅에 흔하디 흔한 것이 먼지이며, 흙가루입니다. 이처럼 작고 쓸모없던 것이 하나님이 사용하시자 그 가치가 바뀌게 된 것입니다. 하나님은 재료의 약점에 주목하지 않으시고 심혈을 기울여서 이 땅에서 가장 가치 있는 창조물을 만드셨습니다.

에베소서 2장 10절은 '우리는 그의 만드신 바라'라고 말하고 있습니다. 이 말은 우리가 하나님의 걸작(傑作)임을 의미합니다. 하나님께서는 우리를 상품이 아닌 작품으로 만드셨습니다. 상품은 똑같이 찍어내는 것이기에 희소성이 없어 그 가치가 떨어집니다. 하지만 작품은 각각의 의미와 가치를 지니고 있는 것이기에 다른 작품과 비교할 것 없이 그 자체만으로도 귀하게 여겨집니다. 작품이 각각 나름대로의 의미와 목적을 가지고 있듯이 우리 인간도 각자의 목적과 가치를 지니고 이 땅에 태어났습니다. 우리가 보기에 스스로가 보잘것없고, 하찮은 것 같더라도 하나님은 우리들을 하나하나 최고의 작품으로 만드셨습니다. 그리고 우리를 통해 하늘의 뜻을 이 땅에 실현시키시고자 하십니다. 이 사실을 생각 속에 확고히 심어놓기만 하면 하나님의 뜻이 삶 속에 나타납니다. 하나님의 능력이 우리 인생 가운데 펼쳐집니다. 하나님의 꿈이 내 안에서 실현됩니다. 성경은 말합니다. '내게 능력 주시는 자 안에서 내가 모든 것을 할 수 있느니라(빌 4:13).' 우리 능력으로는 할 수 없는 일이 하나님 안에 거하면 할 수 있게 됩니다. 하나님 안에 있는 우리는 결코 못나고 부족한 존재가 아닙니다.

하지만 마귀는 자꾸 우리가 가진 능력과 환경에 주목하게 만듭니다. 이렇게 주어진 것에 주목하다보면 상황에 따라서 일희일비(一喜一悲)할 수밖에 없고, 좌로나 우로나 계속 치우칠 수밖에 없습니다. 또 마귀는 비교하는 의식을 심어주어 열등감을 갖게 합니다. 결국엔 자신의 모습에 만족할 수 없게 만듭니다.

그러므로 나 자신이 아닌 우리에게 모든 것을 주신 하나님께 주목해야만 합니다. 하나님께 주목하면 열등감이나 패배의식이 생길 틈이 없습니다. 가난한 사람이 비싼 옷을 입기만 해도 자신이 부자가 된 것처럼 기분이 좋아질 수 있습니다. 마찬가지로 하나님의 보혈의 능력을 덧입는 순간, 우리는 능력 있는 자아상을 새롭게 만들어 나갈 수 있습니다. 하나님의 능력을 덧입고 하나님의 뜻을 실현하는 귀한 도구로서의 삶을 사십시오. 더 이상 열등감이나 패배감 속에서 살지 말고, 하나님이 원하시는 인생의 주인공으로 멋지게 살아가시기 바랍니다.

삶으로 떠나는 질문

✱ 과거 혹은 평소 자신에 대해서 가지고 있는 자화상은 어떠합니까?

....
....
....

✱ 당신이 하나님의 존귀한 창조물임을 알고 난 뒤 달라진 자화상은 어떠합니까?

....
....
....

기도

하나님 아버지, 우리가 하나님 안에 있을 때
온전해질 수 있음을 믿습니다.
하나님 안에서 변화되어 모든 것에 감사하며
긍정적으로 바라볼 수 있게 하옵소서.
나아가 우리가 누리는 기쁨과 행복을
타인에게 나눠줄 수 있는 넉넉한 마음을 주시옵소서.
예수님의 이름으로 기도합니다. 아멘.

6일 십자가의 승리를 기억합시다

찬송가 144장 (새 144장)

예수 나를 위하여

1. 예수 나를 위하여 십자가를 질 때 세상 죄를 지시고 고초 당하셨네
2. 십자가를 지심은 무슨 죄가 있나 저 무지한 사람들 메시야 죽였네
3. 피와 같이 붉은 죄 없는 이가 없네 십자가의 공로로 눈과 같이 되네
4. 아름답다 예수여 나의 좋은 친구 예수 공로 아니면 영원 형벌 받네

[후렴] 예수여 예수여 나의 죄 위하여 보배 피를 흘리니 죄인 받으소서 아멘

본문 말씀 사도행전 2장 30~36절

외울 말씀 갈라디아서 3장 13절

그리스도께서 우리를 위하여 저주를 받은 바 되사
율법의 저주에서 우리를 속량하셨으니
기록된 바 나무에 달린 자마다 저주 아래에 있는 자라 하였음이라

| 오늘의 기도 주제 |

· 우리를 자유롭게 하고 승리하게 하신 예수님의 보혈의 피를 기억하며 감사의 기도를 합시다.
· 십자가 승리를 믿으며 살게 하시고 주님의 승리하심이 우리 삶에 넘치도록 기도합시다

모든 축복의 근원이신 하나님을 찬송하라.
— 토마스 켄

우리는 매일 아침 해가 떠오르는 것을 볼 수 있습니다. 하지만 누구나 알고 있듯이 태양이 떠오르는 것이 아니라 지구가 자전하기 때문에 태양이 뜨고, 지는 것입니다. 지구가 쉼 없이 자전하기 때문에 낮과 밤이 지속되는 것이고, 지구가 끊임없이 공전하기 때문에 사계절의 변화를 맛볼 수 있습니다. 이처럼 이 세상의 어느 것 하나도 그저 이뤄지는 것은 없습니다. 지금도 우리 눈에 보이지 않고, 알 수 없는 일들이 행해지고 있고, 그 결과로 인해 우리가 복된 하루를 살 수 있는 것입니다.

그렇다면 우리가 받은 구원과 복된 삶은 어떻게 이뤄진 것일까요? 우리가 거저 받았다고 생각하는 대속의 은혜도 공짜로 주어진 것 같지만 결코 공짜가 아닙니다. 예수님께서 엄청난 대가를 치르시고, 구원이라는 선물을 주신 것입니다. 우리가 누리는 복된 삶마저도 예수님이 우리를 죄에서 해방시켜 주셨기에 가능한 것입니다. 예수님의 십자가 승리가 없었다면 선한 행위도, 올바른 믿음도 아무 소용이 없습니다. 예수님이 십자가에서 죽으심으로써 모든 죄를 사함 받았고, 우리는 하나님께로 나아갈 수 있게 된 것입니다.

이 대속의 은혜를 주시기 위해서 예수님은 이 땅에 오셨습니다. 그런데 세상 사람들은 그분을 어떻게 대했습니다. 환대는커녕 무시하고 외면하며 배신했습니다. 어느 때에는 예수님을 칭송하고 환영하다가 어느 때는 예수님을 십자가에 못 박으라고 소리 질렀습니다. 그러나 예수님은 십자가라는 가장 참혹한 형벌을 우리를 위해 말 없이 지셨습니다. 이 모든 것이 우리의 죄 값을 치르기 위해서였습니다. 그런데 사람들은 그것도 모르고 예수님을 조롱하고 비소하였습니다. 얼마나 억울하셨겠습니까?

그러나 예수님은 끝까지 하나님의 방식을 고수했습니다. 예수님은 말 대신 삶으로, 일시적인 사랑이 아닌 진실한 사랑으로 그 길을 묵묵히 가셨습니다. 예수님이 십자가에서 못 박혀 죽으심으로써 우리의 모든 저주가 완전히 도말되었고 우리는 영생을 선물로 받을 수 있게 된 것입니다.

최후 승리로 이끄시는 예수님

하지만 이것이 끝이 아닙니다. 예수님은 3일 만에 부활하심으로써 십자가의 승리를 확인시켜주셨습니다. 이로써 우리는 모든 죄와 저주에서 해방된 것입니다. 예수님은 십자가에 못 박혀 죽으심으로써 우리의 죄 값을 대신 치러주신 것뿐만이 아니라, 부활하심으로써 모든 악한 세력과의 싸움에서 승리하셨습니다. 그러므로 더 이상 아담과 하와가 겪었던 가시와 엉겅퀴의 저주를 받을 필요가 없습니다. 저주의 멍에는 이미 우리 삶에서 제거되었습니다. 예수님이 그 대가를 이미 다 치르신 것입니다.

그런데 예수를 믿는다고 하면서도 자신이 스스로 의인이 되어야만 하나님이 좋아하실 거라고 생각하는 사람들이 있습니다. 또한 자신이 지속적으로 선한 행위를 해야만 구원받을 수 있다고 여기는 성도들도 많습니다. 하지만 우리 힘으로 그 값을 치르려는 것은 어리석은 생각일 뿐입니다. 우리의 죄는 오직 예수님만이 씻어주실 수 있으며, 그 예수님은 이미 죄에서 우리를 승리로 이끄셨습니다.

우리 힘으로는 안 됩니다. 오직 십자가에서 피 흘리신 예수님만이 참된 행복을 가져다 줄 수 있습니다. 이 사실을 믿고 예수님만 붙잡고 있으면 결코 실패하거나 패배하지 않습니다. 실패처럼 보여도 실패가 아니고 무너진 것처럼 보여도 무너진 것이 아닙니다.

잠언 24장 16절은 '대저 의인은 일곱 번 넘어질지라도 다시 일어나려니와 악인은 재앙으로 말미암아 엎드러지느니라.'라고 전하고 있습니다. 우리는 이미 최후 승리자입니다. 낙심하지 않을 뿐 아니라 아예 낙심할 수조차 없습니다. 예수님께서 이미 승리를 주셨기 때문입니다. 예수님을 바라보고 승리를 선포하십시오. 그 순간 당신 삶은 승리를 향해 달려가게 될 것입니다.

구원이라는 말은 본래 '건져내다.', '해결하다.' 라는 포괄적인 의미를 가지고 있습니다. 하나님께서는 우리의 죄의 문제뿐 아니라 인생의 모든 문제까지 하나도 빠짐없이 해결해주시고 곤란과 역경 가운데서도 건져주십니다.

혹시 지금 병들고 가난에 처해 있습니까? 그렇다고 해서 당신이 패배했다고 생각해서는 안 됩니다. 하나님은 궁극적으로 우리를 승리하게 하십니다. 지금의 괴로움은 최종 승리 후 간증거리가 될 것입니다. 지금의 억울함은 해피엔딩 이야기의 클라이맥스가 될 것입니다. 마지막에 웃을 수 있도록 인도하시고 이끄시는 하나님을 바라보십시오. 힘들고 어려울 때 십자가를 바라보십시오. 억울한 일을 당하고 속상할 때 십자가의 승리를 기억하십시오. 즐겁고 기쁠 때 십자가 대속의 은총에 감사하십시오. 십자가 승리를 기억하고 그것이 우리의 삶에 펼쳐질 것을 기대하며 기도하십시오. 그러면 최후 승리는 하나님과 함께하는 우리들의 것입니다.

삶으로 떠나는 질문

✻ 당신이 삶 속에서 경험한 십자가의 승리에 대해 나눠봅시다.

✻ 십자가의 승리를 체험함으로써 당신 삶에 나타난 변화가 있다면 무엇입니까?

기도

하나님 아버지, 우리를 가난과 질병,
모든 절망으로부터 자유롭게 하시니 감사합니다.
예수님이 우리를 대신하여 십자가에 못 박히심으로써
우리의 모든 저주가 해방되었음을 믿습니다.
이 땅을 살아갈 때 우리가 그 보혈의 능력으로
승리하게 하옵소서.
예수님의 이름으로 기도합니다. 아멘.

3장
말씀으로 세우는 믿음

믿음이란 말씀의 못을
단단히 박아 놓은 곳에 옷을 거는 것이다
- 4차원의 영성

7일 레마의 말씀은 민음의 근거입니다

찬송가 241장 (새 202장)

하나님 아버지 주신 책은

1. 하나님 아버지 주신 책은 귀하고 중하신 말씀일세 기쁘고 반가운 말씀 중에 날 사랑한단 말 참 좋도다
2. 구속의 은혜를 저버리고 어긋난 딴 길로 가다가도 예수의 사랑만 생각하면 곧 다시 예수께 돌아오리
3. 구주의 영광을 바라보며 예수의 사랑을 찬양하리 영원히 찬양할 나의 노래 예수의 사랑이 귀하도다
4. 주 예수 날 사랑하시오니 내가 또 예수를 사랑하네 날 구해 주시려 내려오사 십자가 위에서 죽으셨네
5. 주 예수 날 사랑 하시오니 마귀가 놀라서 물러가네 주 예수 이렇게 사랑하니 우리는 어떻게 보답할까

[후렴] 주 나를 사랑하시오니 즐겁고도 즐겁도다 주 나를 사랑하시오니 나는 참 기쁘다

본문 말씀 사도행전 16장 6~10절

외울 말씀 로마서 10장 17절

그러므로 믿음은 들음에서 나며
들음은 그리스도의 말씀으로 말미암았느니라

| 오늘의 기도 주제 |

· 나를 향한 하나님의 말씀을 달라고 기도합시다.
· 하나님이 주시는 레마의 말씀에 순종할 수 있도록 기도합시다.

> 인간의 믿음은 경험을 기초로 한다.
> 그러나 신앙은 오직 '말씀'을 믿는데서 출발한다.
> — 4차원의 영성

성경은 하나님의 말씀입니다. 그 모든 말씀 중 우리에게 필요치 않은 말씀이 없고, 하나님의 말씀을 듣지 않아도 될 사람은 단 한 사람도 없습니다. 그만큼 우리 모두에게는 하나님의 말씀이 필요합니다. 우리는 말씀 없이는 단 한 순간도 제대로 살 수 없는 존재입니다. 그런데 하나님이 주신 말씀 중 성경 전체를 일컬어 '로고스'라고 합니다. 그중 하나님이 특별히 각자에게 주시는 말씀이 있는데, 그것을 '레마'라고 합니다. 아마 성경을 읽다가 갑자기 불붙듯 다가오는 말씀이 있을 것입니다. 평소에는 그냥 지나쳤던 말씀이 나를 계속 둘러싸고 나를 계속 재촉하는 말씀으로 다가온다면 그것이 바로 레마입니다.

레마는 그냥 보았던(see) 말씀이 내 눈에 강렬하게 들어오는(look) 것과 같습니다. 그냥 들리던(hear) 말씀이 내 귀에 박히듯 분명하게 귀에 들어오는(listen) 것입니다. 이 레마의 말씀은 각자 주어진 삶이나 상황에 따라서 그리고 개개인을 향한 하나님의 계획에 따라 다르게 다가옵니다. 우리가 책을 읽으면서 기억하고 싶은 부분이 있다면 밑줄을 그을 것입니다. 그런데 많은 사람들이 같은 책을 감명 깊게 읽을 수는 있지만, 모두 같은 부분에 밑줄을 그으며 읽지는 않을 것입니다. 마찬가지로 레마는 개개인에 따라서 적합한 말씀이 주어지게 됩니다.

레마로 인도하시는 하나님

저는 설교 주제를 정할 때 레마를 받고 그 주의 설교를 무슨 내용으로 할 지 정합니다. 이를 위해서는 먼저 충분한 기도가 행해져야 합니다. 충분히 기도하여 내 영이 하나님과 친밀하게 되면, 하나님이 그 백성들에게 전하시고자 하는 말씀을 받을 수 있습니다. 이 레마를 토대로 설교를 작성하고, 그 말씀을 강대상에서 선포했습니다. 이와 같이 목회 초기에 하나님이 주신 레마를 토대로 설교하기 시작하자, 저의 목회 사역에 놀라운 역사들이 나타나기 시작했습니다. 많은 성도들이 저의 설교를 통해서 은혜를 받고, 회심하며 하나님께로 나아오는 결과들이 나타났습니다. 제 설교가 조금 길다 하더라도 그 누구도 지루해 하지 않았습니다. 하나님이 하시는 말씀이기 때문입니다. 성도들은 설교 시간에 하나님의 강력한 임재하심을 체험하게 되고, 저를 통해 선포되는 하나님의 말씀은 성도들의 삶에 기적을 나타내기도 했습니다. 말씀을 통해 성도들의 삶이 변화되고, 꿈을 품게 되고, 죄를 내려놓게 된 것입니다. 이와 같이 하나님은 레마를 통해 우리의 삶을 변화시키십니다. 뿐만 아니라 하나님은 레마를 통해 우리 인생을 인도하십니다.

하나님이 레마를 통해 우리를 인도하신다는 사실은 바울을 통해 분명히 확인할 수 있습니다. 바울은 예수님의 음성을 직접 듣고 회심한 사람입니다. 그리고 사역의 시작부터 끝까지 성령의 인도에 따라 산 사람이라 할 수 있습니다. 사도행전 16장 6~10절을 보면 사도 바울은 본래 아시아에 가서 복음을 전파하고자 하는 계획을 가지고 있었습니다. 그러나 하나님께서는 그것을 허락지 않으셨고, 환상을 통해서 마게도냐로 갈 것을 확실히 말씀하셨습니다. 이 환상을 근거로 해서 사도 바울은 자신의 생각이나 느낌이 아닌 하나님의 말씀과 가르침대로 순종합니다. 그렇게 순종한 결과 전 유럽에 복음이 싹 트고 가지가 뻗어 꽃피고 열매를 맺게 되었습니다. 하나님은 당시 모든 전도자들에게 유럽으로 가서 복음을 증거 하라고 하지 않으셨습니다. 바울에게 말씀하셨고, 바울은 자신의 계획을 접고 그 명령에 순종하였습니다. 그러자 자신의 능력으로는 나타날 수 없었던 더 큰 역사가 유럽에 나타나게 되었습니다.

하나님의 레마에 민감히 반응하라

바벨론에 의해 초토화된 남유다에서는 많은 사람들이 포로로 끌려가고, 남아 있는 사람들도 비참한 생활을 해야 했습니다. 그러나 하나님께서는 진노 중에서도 긍휼을 잊지 않으셨습니다. 그래서 그들을 유배당한 포로지에서 다시 예루살렘으로 돌아오게 하셨습니다. 그런데 이스라엘 민족은 긍휼을 베푸신 하나님의 성전 짓는 일을 등한시했습니다. 분명히 하나님께서는 이스라엘 민족을 해방시켜 주시면서 성전 재건을 명령하셨는데 아무도 관심을 기울이지 않았습니다. 당장 자신들이 먹고 살 집과 터전을 마련하는 데만 관심을 가졌습니다.

그때 학개라는 선지자는 하나님의 레마를 분명히 깨달은 사람이었습니다. '여호와의 말씀이 선지자 학개에게 임하여 이르시되 이 성전이 황폐하였거늘 너희가 이 때에 판벽한 집에 거주하는 것이 옳으냐(학 1:3~4).' 그는 이 말씀을 근거로 사람들을 일깨우기 시작했습니다. 하나님은 분명

이스라엘 민족을 해방시켜 주면서 자신의 성전을 가장 먼저 지을 것을 명령하셨습니다. 그런데 다른 백성들은 그 말씀을 무시했습니다. 자신들이 살 터전을 먼저 마련하고 지어도 늦지 않는다고 생각했습니다. 하나님의 말씀을 소홀히 여긴 것입니다.

하지만 학개는 민족을 향한 하나님의 말씀에 귀 기울였습니다. 그리고 성전 건축과 관련해 더 구체적인 레마의 말씀까지 받았습니다. 그래서 그는 열심히 하나님의 마음을 전했습니다. 이스라엘 백성들은 성전을 먼저 건축해야 한다는 학개의 말에 불평하고 불만을 토로했습니다. 자신들이 먹고 살기도 바쁘니, 좀 여유가 생기면 하나님의 전을 짓자고 타협안을 제시하기도 했습니다. 그런 그들을 향해 하나님은 말씀하셨습니다. '나 만군의 여호와가 말하노라 이것이 무슨 까닭이냐 내 집은 황폐하였으되 너희는 각각 자기의 집을 짓기 위하여 빨랐음이라 그러므로 너희로 말미암아 하늘은 이슬을 그쳤고 땅은 산물을 그쳤으며(학 1:9~10).' 다시 말해 이스라엘 민족들이 하나님의 전을 황폐하게 했기 때문에 그들의 삶이 황폐할 수밖에 없다는 것입니다. 학개는 이러한 사실을 백성들에게 알리기 시작했고, 그들에게 성전 건축을 촉구했습니다. 그러자 황폐한 곳에 하나님의 성전이 지어졌고, 그들의 삶에도 다시금 번영이 찾아왔습니다.

지금 이 시간도 하나님께서는 레마의 말씀을 외치고 계십니다. 하나님은 말씀, 환경, 주위 사람의 말 등 다양한 방법을 통해서 우리에게 그 뜻을 전하고자 하십니다. 우리에게 여러 모양으로 갈 바를 알려주시고, 힌트를 주시고 있는 것입니다. 우리가 해야 할 일은 하나님의 말씀에 귀 기울이는 것입니다. 하나님이 주시는 레마의 말씀을 받게 되면 믿음에 더욱 확신이 생깁니다. 학개가 반대하는 이스라엘 민족을 상대로 강력하게 성전 건축을 주장할 수 있었던 것은 자신이 받은 레마의 말씀이 있었기 때문입니다. 제가 성도들에게 매 주일 강력하게 하나님 말씀을 선포할 수 있는 것 역시 하나님이 전하고자 하시는 말씀이라는 확신이 있기 때문입니다. 이처럼 레마의 말씀은 믿음을 더욱 견고하게 하고, 삶의 방향을 분명히 해줍니다.

지금 이 시간 조용히 눈을 감고, 우리를 향한 하나님의 말씀에 귀 기울여 봅시다. 어느 순간에나 하나님의 뜻을 생각하며, 그분의 인도하심을 따라 삽시다. 레마를 믿고 따를 때 우리 삶에 전적으로 하나님의 능력이 나타나기 시작합니다.

삶으로 떠나는 질문

✱ 당신은 어떠한 결정에 앞서 하나님의 레마를 구하는 기도를 합니까?

....
....
....

✱ 하나님의 레마를 받기 위해 당신이 실천하고 있는 것은 무엇입니까?

....
....
....

기도

하나님 아버지, 레마의 말씀을 통해
높으신 하나님의 뜻을 깨닫게 하여주시니 감사합니다.
우리가 항상 하나님의 말씀에 귀 기울여
하나님의 놀라운 계획을 알게 하여 주옵소서.
그리하여 우리 삶에 하나님의 능력과
역사하심이 나타나게 하옵소서.
예수님의 이름으로 기도합니다. 아멘.

8일 믿음은 도전입니다

찬송가 344장 (새 545장)
이 눈에 아무 증거 아니뵈어도

1. 이 눈에 아무 증거 아니 뵈어도 믿음만을 가지고서 늘 걸으며
   이 귀에 아무소리 아니 들려도 하나님의 약속 위에 서리라
2. 이 눈에 보기에는 어떠하든지 이미 얻은 증거대로 늘 믿으며
   이 맘에 의심 없이 살아갈 때에 우리 소원 주 안에서 이루리
3. 당신의 거룩함을 두고 맹세한 주 하나님 아버지는 참 미쁘다
   그 귀한 모든 약속 믿는 자에게 능치 못할 무슨 일이 있을까
[후렴] 걸어가세 믿음 위에 서서 나가세 나가세 의심 버리고 걸어
   가세 믿음 위에 서서 눈과 귀에 아무 증거 없어도

본문 말씀 마태복음 14장 22~33절

외울 말씀 히브리서 11장 1절
믿음은 바라는 것들의 실상이요 보이지 않는 것들의 증거니

| 오늘의 기도 주제 |

· 믿음을 방해하는 모든 의심을 버릴 수 있도록 기도합시다.
· 나의 삶에 기적을 행하시는 하나님을 바라보며 기도합시다.

> 모든 위대한 사업은 믿음으로부터 시작된 것이다.
> – 오구스트 본 시레겔

　　　제 사역은 크게 세 부분으로 나눌 수 있습니다. 대조동에서의 교회 개척, 서대문에서의 교회 개척, 여의도에서의 교회 개척입니다. 이 사역들은 그저 교회의 위치와 장소만 바뀐 것이 아닙니다. 저는 새로운 곳에서 사역을 시작할 때마다 산고를 겪듯이 많은 기도와 고심을 해야 했습니다. 그중에 가장 어려웠던 결정은 서대문에서 여의도로 교회를 옮기는 것이었습니다. 대조동에서 서대문으로 교회를 옮기는 것은 그리 어려운 일이 아니었습니다. 오히려 변두리에서 도심으로 옮기는 것이기에 많은 성도들이 환영했습니다. 또 교회가 계속 성장하고 있었기 때문에 성도들을 수용할 수 있는 곳을 찾아야 한다는 명분이 분명했습니다. 그러나 서대문에서 여의도로 교회를 옮기는 것에는 많은 성도들이 반대했습니다. 당시 서대문교회는 지속적으로 부흥하고 있었으며, 교통도 편리해 지리적으로 좋은 장소였습니다. 그런데 그런 곳을 놔두고 허

허벌판인 여의도로 교회를 옮긴다고 했을 때 많은 사람들이 어리석은 행동이라고 반대했습니다. 당시 여의도는 지리적 조건이 너무 좋지 않아, 사람의 눈으로 보기에는 반대하는 분들의 의견이 당연히 옳은 것이었습니다. 그들에겐 저의 행동이 무모한 도전으로 보였을 것입니다. 그러나 하나님께서 분명히 제게 여의도로 옮기라는 꿈을 주셨기에, 저는 그에 대한 확고한 믿음을 가지고 나아갈 수 있었습니다. 만약 그러한 믿음 없이 현실적인 상황만 바라보았다면 지금의 여의도순복음교회는 존재할 수 없었을 것입니다.

영의 눈으로 보라

요즘 사람들은 모두 자신이 직접 본 것만 믿습니다. 또 자신의 상식 범위에서 허용되는 이야기만 사실이라고 여깁니다. 그래서 보이지 않는 하나님을 믿지 못합니다. 보여주면 믿겠다고 말합니다. 하지만 성경은 믿으면 보게 된다고 말하고 있습니다. 즉 육신의 눈으로 볼 수 없었던 것이 믿음을 통해서 영의 눈이 열리면 볼 수 있게 되는 것입니다.

이처럼 우리가 확실히 믿으면 영의 눈이 열리고, 세상 사람들이 보지 못하는 것을 볼 수 있게 됩니다. 나아가 세상의 상식으로는 가능하지 못한 일들이 우리 삶 속에서 가능하게 됩니다. 세상 사람들이 기적이라 부르는 일들이 나타나게 되는 것입니다.

베드로는 물 위를 걷는 기적을 체험한 사람입니다. 그가 물 위를 걸을 수 있었던 것은 풍랑을 바라보지 않고 예수님을 바라보았기 때문입니다. 그는 세상 상식과 기준을 버리고 물 위를 걸으라는 예수님의 말씀을 믿었기 때문에 물 위를 걷는 도전을 할 수 있었고, 보통 사람은 경험하지 못할 기적을 체험하게 되었습니다. 그러나 베드로가 풍랑을 보고 마음에 두려움을 품기 시작하자, 바로 물에 빠져 버렸습니다. 왜냐하면 그가 영의 눈으로 보던 것을 육의 눈으로 보기 시작했기 때문입니다. 베드로는 그의 시선을 예수님에게서 풍랑으로 옮겼습니다. 바람이 불지라도 예수님만 바라보았을 때는 물 위를 걸을 수 있었지만 풍랑에 주목했을 때는 더 이상 물 위에 설 수 없었습니다. 결국 기적은 그의 믿음이 사라짐과 동시에 물거품처럼 사라져버렸습니다. 그러므로 '우리가 믿음으로 행하고 보는 것으로 행하지 아니함이로라(고후 5:7).' 라는 말씀처럼 육신의 눈에 보이는 것을 행하는 것이 아니라 믿음의 눈으로 보고 행해야 하는 것입니다. 그때 비로소 하나님의 능력이 우리 삶 가운데 나타나게 됩니다.

제자들과 예수님이 함께 겪은 또 다른 풍랑 사건에서도 우리는 믿음 없이 행하는 자들의 소심함을 엿볼 수 있습니다. 예수님과 제자들이 함께 배를 타고 갈 때, 풍랑이 불기 시작했습니다. 그때 예수님은 배 한 켠에서 마음 편히 주무시고 계셨습니다. 예수님이 자느라 풍랑이 부는 것을 몰라서 그랬을까요? 아닙니다. 예수님은 이 풍랑으로 인해 자신이 해를 입지 않을 것을 믿고 계셨기 때문에 풍랑을 두려워하지 않을 수 있었습니다. 다시 말해 모든 것의 주인 되시는 하나님의 권능을 믿고 있었던 것입니다. 그러나 제자들은 어떠했습니까? 제자들은 자신들 곁에 예수님이 계심에도 불구하고 해를 당할까봐 안절부절 못했습니다. 그동안 예수님이 제자들 앞에서 수많은 기적과 이사를 행했지만 그들의 마음에는 믿음이 없었습니다. 환경을 뛰어넘는 담대함이 없었습니다. 그래서 그들은 배가 뒤집힐 것 같은 풍랑 앞에서 애간장을 태우고 있었습니다.

지금 당신은 어떠한 믿음을 가지고 있습니까? 입술로는 믿는다고 하면서도 막상 풍랑이 닥치면 제자들과 같이 두려움에 떨고 불안해하지는 않습니까? 믿음은 불가능한 상황에서 가능함을 꿈꾸는 담대함을 전제로 합니다. 그래서 믿음은 도전입니다. 도전이란 어려운 상황에 맞서는 것을 뜻합니다. 그러므로 우리는 가능한 상황에서 가능함을 꿈꾸는 것이 아니라, 불가능한 상황에서 가능성을 바라보는 믿음을 갖고 나아가야 합니다.

믿음의 번지점프를 하라

번지점프는 벼랑같이 높은 위치에서 떨어지는 놀이입니다. 비록 벼랑과 같이 높은 위치에서 떨어지는 것이지만, 사람들은 안전한 줄로 묶여 있기 때문에 전혀 다치지 않습니다. 결코 바닥에 떨어지지 않습니다. 그런데도 번지점프를 하는 사람들 중에는 높은 높이에 놀라서는, 무서워서 절대 못하겠다며 두려움에 떠는 사람들이 많습니다. 하지만 번지점프는 안전장비를 다 갖추고 있어 위험하지 않습니다.

우리의 믿음도 이와 같습니다. 어떠한 상황에서도 우리가 예수님 안에 속해 있다는 것을 믿으면 결코 두려워할 필요가 없습니다. 결코 해를 입거나 다치지 않습니다. 지금 당장 우리 삶에 풍랑이 다가오고, 배가 뒤집힐 것 같아도 담대하게 나아가는 것이 믿음 있는 자의 태도라 할 수 있습니다. 우리가 예수님과 묶여 있다면 그 어떤 문제가 닥친다 해도 다시 솟구쳐 오를 것이며 땅에 떨어지지 않습니다. 어떠한 위험에 직면하여도 위험에서 벗어날 수 있는 것입니다.

그러므로 예수님이 우리를 붙들고 계심을 믿고, 믿음의 번지점프를 해야 합니다. 하나님은 모든 준비를 완료하셨습니다. 믿음을 가지고 뛰어 내리기만 하면 준비된 은혜를 온전히 누릴 수 있는 것입니다. 위험을 극복했을 때의 고조된 기분, 역전승의 짜릿한 기분은 믿음을 가진 사람만이 누릴 수 있는 특권입니다. 이 특권을 누리기 위해서는 믿음이 있어야 합니다. 이 믿음은 세상과 타협하는 것이 아닙니다. 더불어 하나님과도 타협하는 것이 아닙니다. 믿음의 특권을 누리기 위해서는 온전히 하나님께만 복종하고 순종해야 하는 것입니다.

우리의 이러한 번지점프가 사람들에게는 무모해 보일 수 있습니다. 왜냐하면 세상 사람들 눈에는 예수님과 연결된 끈이 보이지 않기 때문입니다. 그들에겐 우리가 밧줄 없이 벼랑에서 뛰어내리는 것처럼 보일 것입니다. 하지만 우리는 무모한 도전을 하는 사람들이 아닙니다. 다만 하나님의 말씀을 실천하는 것입니다. 말씀을 믿고 도전을 행할 때 하나님의 역사가 나타납니다.

예수님과 단단한 줄로 연결되어 있다는 것을 알았다면

더 이상 두려워하거나 무서워할 필요가 없습니다. 성경에서는 두려워하지 말라고 400회 가까이 말하고 있습니다. 이렇게 두려워하지 말 것을 강조하고 있는 이유는 인간이 두려움이라는 감정에 쉽게 굴복하기 때문입니다. 하나님께서는 두려움에 떨고 있는 자들에게 위로가 되어 주시고 용기를 북돋아 주십니다. 더 이상 무서워하며 뒤를 돌아보지 말고, 담대함으로 나아가십시오. 하나님이 뒤에서 우리를 붙들어 주고 계십니다. 그래서 하나님과 함께하는 도전은 결코 위험하거나 무모하지 않습니다. 사람들 눈에는 우리가 물 위를 걷는 것과 같이 아슬아슬 위험해 보여도 하나님을 바라보고 걸을 때, 그 어디를 걷더라도 가장 안전할 수 있습니다.

삶으로 떠나는 질문

✱ 주위의 반대에도 불구하고 하나님의 말씀을 믿고 나아간 경험에 대해 나눠봅시다.

....
....
....

✱ 당신의 믿음이 가장 흔들리는 때는 언제입니까?

....
....
....

기도

하나님 아버지, 우리의 믿음 없음을 용서하여 주옵소서.
또한 우리의 겨자씨만한 믿음만으로도
한없는 사랑을 베풀어주시니 감사합니다.
우리의 무지함과 불신앙을 용서하시고,
날마다 하나님의 은혜로 믿음이 성장할 수 있게 하옵소서.
예수님의 이름으로 기도합니다. 아멘.

 # 믿는 대로 거두게 하십니다

찬송가 261장 (새 582장)
어둔 밤 마음에 잠겨

1. 어둔 밤 마음에 잠겨 역사에 어둠 짙었을 때에 계명성 동쪽에 밝아 이 나라 여명이 왔다 고요한 아침의 나라 빛 속에 새롭다 이 빛 삶속에 얽혀 이 땅에 생명 탑 놓아간다
2. 옥토에 뿌리는 깊어 하늘로 줄기 가지 솟을 때 가지 잎 억만을 헤어 그 열매 만민이 산다 고요한 아침의 나라 일꾼을 부른다 하늘 씨앗이 되어 역사의 생명을 이어가리
3. 맑은 샘 줄기 용솟아 거치른 땅을 흘러 적실 때 기름진 푸른 벌판이 눈앞에 활짝 트인다 고요한 아침의 나라 새 하늘 새 땅아 길이 꺼지지 않는 인류의 횃불 되어 타거라

본문 말씀 마태복음 13장 18~23절

외울 말씀 갈라디아서 3장 9절

그러므로 믿음으로 말미암은 자는 믿음이 있는
아브라함과 함께 복을 받느니라

| 오늘의 기도 주제 |

· 하나님의 이름으로 행하는 일들이 열매 맺게 해달라고 기도합시다.
· 큰 수확을 거두는 준비된 자가 되게 해달라고 기도합시다.

> 믿음은 더 큰 것을 받아들이기 위하여
> 그보다 작은 것을 거절하는 것이다.
> – 에머슨

교육학에 '학습된 무기력'이라는 용어가 있습니다. 쉽게 얘기하면, 예전에 배웠던 것에 매여서 창조적인 아이디어를 생각해 내지 못하는 것을 의미합니다. 예를 들어 빗자루를 주면 청소하는 것만을 생각할 뿐 다른 용도로 활용할 줄은 모르는 것을 말합니다. 이렇게 기존의 틀에 갇혀 새로운 것을 창안해내지 못하고 수동적인 상태로 받아들이기만 하는 것을 '학습된 무기력'이라고 말합니다.

그런데 우리의 신앙에서도 이러한 무기력 상태가 종종 나타납니다. 세상의 지식과 방법에 학습되고 익숙해져서 하나님의 뜻과 방법을 생각하지 못하는 경우입니다. 세상의 상식에 얽매여 하나님의 기적을 본인 스스로 거부하는 것입니다. 이 모든 것이 변화를 꺼려하는 인간 본성에 기인합니다. 이러한 무기력은 제자들에게도 예외가 아니었습니다. 그들은 세상의 방식에 너무 익숙해져 있었습니다. 그래서 예수님을 전적으로 믿고 따르지 않고 세상의 익숙한 방식을 고수했습니다. 결국 예수님의 제자들은 많은 실수와 실패를 반복해야 했습니다. 지금 우리의 삶도 그들과 별다를 바 없어 보입니다. 하지만 분명히 알아야 합니다. 세상의 방식을 그대로 믿고 따라서는 예수님의 기적을 기대할 수 없습니다. 전적으로 예수님을 믿을 때 우리 삶에 기적이 나타날 수 있는 것입니다.

지금, 열매 맺는 땅이 되라

예수님께서는 씨 뿌리는 비유를 통해 우리에게 열매 맺는 밭이 되라고 말씀하십니다. 같은 씨앗을 뿌리더라도 그 땅이 어떠하냐에 따라서 어떤 씨앗은 열매를 맺고, 어떤 씨앗은 열매 맺지 못합니다. 이와 마찬가지로 우리가 지금 어떠한 믿음을 갖고 있느냐에 따라 삶이 열매를 맺기도 하고, 혹은 아무 열매를 맺지 못하기도 합니다. 믿음이 길가와 같다면 기적이 나타나기도 전에 씨앗인 하나님의 말씀이 마음에서 곧 사라져 버릴 것입니다. 또한 믿음이 돌밭이나 가시떨기와 같다면 기적이 생기는 것 같다가도 믿음이 뿌리내리지 못한 채 금세 사라질 것입니다. 오로지 옥토와 같은 믿음을 가지고 있을 때, 말씀은 우리 안에서 삼십 배, 육십 배의 결실을 맺게 되는 것입니다. 하나님의 말씀을 아무리 많이 들어도 열매 맺는 것은 결국 믿음의 크기에 달렸습니다.

그런데 밭이 열매를 맺는 데 있어 이전에 어떤 밭이었느냐는 중요하지 않습니다. 지금 어떤 밭이냐가 관건입니다. 과거에 열매를 많이 맺는 밭이라도 지금 열매를 맺지 못하면 소용이 없습니다. 과거에 열매는커녕 싹조차 나기 힘든 땅이었더라도 지금 열매를 맺고 있으면 됩니다.

그렇다면 열매를 맺는 땅은 어떤 땅입니까? 한 마디로 갈아엎어진 땅입니다. 예전에 길가였어도 갈아엎어지면 열매 맺는 땅이 될 수 있습니다. 예전에 돌밭이었더라도 갈아엎어져 돌이 걸러지고 부드러운 흙이 나오면 됩니다. 예전에 가시떨기 숲이었더라도 갈아서 흙을 부드럽게 해주면 됩니다. 지금 갈아엎어져서 씨앗을 받을 준비가 되어 있으면 됩니다. 이렇게 예전에 어떤 모습이었는지 상관없이 갈아엎어진 땅으로 변화되었을 때 그것을 '옥토'라고 합니다.

우리 심령에도 여러 가지 밭이 있습니다. 길가밭, 돌밭, 가시밭과 같이 열매 맺기 힘든 심령을 가지고 있었을 수도 있습니다. 하지만 중요한 것은 과거에 어떤 밭이었는가보다 지금 갈아엎어진 밭이냐는 것입니다. 세상의 지식과 습관에 익숙해진 밭 그대로 있느냐 아니면 하나님의 진리로 갈아엎어진 새로운 밭이 되느냐에 따라서 열매를 맺기도 하고 맺지 못하기도 합니다. 우리가 예수님의 기적을 체험하기 위해서는 이전의 믿음과 지식을 전부 버려야 합니다. 확실하게 뒤엎어져야 합니다. 뿌리 깊은 세상의 관습과 지식을 모두 뒤엎어버릴 수 있어야 합니다. 그래야 하나님을 향한 믿음이 온전히 뿌리 내릴 수 있습니다.

누구에게나 하나님의 씨앗은 뿌려졌습니다. 차별 없이 뿌려졌습니다. 그러나 아무 밭이나 열매를 맺는 것은 아닙니다. 갈아엎어진 밭만이 풍성히 열매를 맺을 수 있습니다. 또한 이렇게 믿음의 쟁기로 갈아엎은 밭의 소출은 엄청납니다. 당시의 농법으로는 씨앗 한 개당 17~20개 정도의 수확을 하면 풍년이라고 했습니다. 그런데 옥토는 최소 30배에서 60배를 넘어서 100배까지 결실을 맺게 된다고 합니다. 최소가 30배 이상입니다. 이를 통해 우리는 믿음 있는 자는 더욱 풍성해지고, 없는 자는 있는 것까지 빼앗겨 버리는 극과 극의 대조가 씨 뿌리는 비유에서도 극명하게 나타나고 있음을 알 수 있습니다.

심은 대로 거두리라

풍성히 열매 맺는 밭이 되기 위해서는 열매 맺기 위한 준비가 돼 있어야 합니다. 쟁기로 밭을 갈아엎어주고, 거름을 뿌려 두어 밭을 묵히는 것입니다. 이와 마찬가지로 우리의 믿음이 열매 맺기 위해서도 준비가 필요합니다. 이를 위해서는 평소 믿음을 철저히 관리해야 합니다. 마귀는 틈만 나면 우리의 믿음을 약하게 하기 위해 갖은 유혹으로 애를 씁니다. 우리가 믿고 있는 것이 세상의 상식으로는 불가능한 것이라며 적당히 타협할 것을 요구하기도 합니다. 또 풍랑이 다가오게 함으로써 스스로 믿음을 저버리게도 합니다. 하지만 거센 바람과 비바람이 나무의 뿌리를 깊이 자라게 하듯, 유혹과 시련이 다가오면 믿음이 깊어지는 계기로 삼아야 합니다. 그렇지 않고 계속 흔들리는 믿음을 갖고 있으면 언젠가는 뿌리 뽑혀지고 맙니다.

하나님의 말씀인 씨앗은 누구에게나 공평하게 뿌려집니다. 하나님의 은혜와 사랑은 누구에게나 전해지고 있습니다. 하지만 이것을 확실히 믿고 따르는 자만이 그 은혜의 주인공이 될 수 있습니다. 열매 맺는 밭의 주인이 될 수 있는 것입니다.

지금 우리의 삶에 기적이 나타나고 있지 않는 이유는 무엇입니까? 말씀에 대한 믿음이 없기 때문입니다. 단 하나라도 하나님의 말씀을 온전히 믿으면 놀라운 기적이 나타납니다. 지금 당장 과거의 모든 믿음을 버리고, 오직 하나님을 향한 믿음을 붙드십시오. 나아가 마귀의 참소와 고난에도 끄떡없도록 믿음의 뿌리를 최대한 깊이 내리십시오. 그러면 우리 삶을 통해 하나님이 풍성히 열매 맺게 하십니다. 신실하신 하나님을 온전히 믿음으로써 삶의 기적을 체험하시기 바랍니다.

삶으로 떠나는 질문

✱ 습관적으로 세상의 관습이나 미신과 타협하는 때가 있다면 언제입니까?

....
....
....

✱ 지난 하루 동안 당신이 거둔 열매를 나눠 봅시다.

....
....
....

기도

하나님 아버지, 우리의 작은 믿음을 보고도
크게 거두게 해주시니 감사합니다.
부디 우리가 믿음 없이 교회에 다니는
가시밭에 뿌려진 씨앗이 되게 하지 마옵소서.
우리가 하는 일마다 하나님의 풍성한 열매를
거둘 수 있는 옥토가 되게 하여 주옵소서.
예수님의 이름으로 기도합니다. 아멘.

10일 믿음에 시련은 있어도 실패는 없습니다

찬송가 363장 (새 337장)
내 모든 시험 무거운 짐을

1. 내 모든 시험 무거운 짐을 주 예수 앞에 아뢰이면 근심에 싸인 날 돌아보사 내 근심 모두 맡으시네
2. 내 모든 괴롬 닥치는 환난 주 예수 앞에 아뢰이면 주께서 친히 날 구해주사 넓으신 사랑 베푸시네
3. 내 짐이 점점 무거워질 때 주 예수 앞에 아뢰이면 주께서 친히 날 구해주사 내 대신 짐을 져주시네
4. 마음의 시험 무서운 죄를 주 예수 앞에 아뢰이면 예수는 나의 능력이 되사 세상을 이길 힘주시네

[후렴] 무거운 짐을 나 홀로 지고 견디다 못해 쓰러질 때 불쌍히 여겨 구원해 줄 이 은혜의 주님 오직 예수

본문 말씀 열왕기상 19장 1~8절

외울 말씀 이사야 26장 3절

주께서 심지가 견고한 자를 평강하고 평강하도록 지키시리니 이는 그가 주를 신뢰함이니이다

| 오늘의 기도 주제 |

· 시련 가운데 넘어지지 않고 믿음을 지킬 수 있게 해달라고 기도합시다.
· 영·육간에 강건할 수 있도록 기도합시다.

> 믿음의 주된 부분은 인내이다.
> – 조지 맥도날드

　　엘리야라는 이름에는 '여호와는 나의 하나님이시다.' 라는 고백이 담겨 있습니다. 그는 오직 여호와만이 진정한 하나님이시고, 나의 하나님이 되신다는 고백을 이름에서뿐만 아니라 삶으로도 드러냈습니다. 신앙을 말뿐이 아니라 삶으로 증명한 선지자였습니다. 그는 이방신을 섬기는 850명의 선지자를 상대로 한 대결에서 담대히 믿음으로 이겨냈습니다. 그가 기도하면 비가 내리지 않았고, 다시 기도하면 비가 내릴 정도로 그는 하나님의 큰 능력을 소유한 자였습니다. 그런데 그렇게 위대한 신앙인이었던 엘리야에게도 시련이 있었습니다.

누구에게나 찾아오는 신앙의 시련

　　시련은 그리스도인이라면 누구나 겪게 됩니다. 신앙생활을 한다는 것은 세상의 방식이 아닌 하나님의 방식으로 살아간다는 것을 의미합니다. 이 세상은 공중권세 잡은 마귀가 조종하는 곳입니다. 그런 세상에서 마귀의 방식을 버리고 살아간다는 것은 곧 마귀에게 반기를 드는 것이기 때문에 마귀가 우리를 가만두지 않습니다. 그래서 마귀는 하나님을 믿는 그리스도인들을 향해서 엄청난 공격을 가합니다. 결국 마귀의 방식을 따라 살아가면 당하지 않을 고통을 하나님의 방식을 따라 살면 겪을 수밖에 없는 것입니다.

엘리야도 당시 사회의 풍습인 바알과 아세라 신을 버리고 여호와 하나님만 섬겼기 때문에 많은 이방 선지자들에게 적이 될 수밖에 없었습니다. 그는 우상숭배를 하지 않았기 때문에 숨어 지내는 외로움을 겪어야 했고, 많은 협박과 위협을 받아야 했습니다. 그는 아합 왕에게 그 땅에 비가 내리지 않을 것이라고 말한 뒤 그의 공격을 피해 숨어 지내야 했습니다. 시냇물을 마시며 까마귀가 가져다주는 빵과 고기로 끼니를 때우며 홀로 외롭게 지냈습니다.

그러나 결국에 승리한 것은 누구입니까? 바로 엘리야였습니다. 엘리야는 외롭고 힘든 싸움을 지속해야 했지만 결국엔 바알 선지자 450명과 아세라 선지자 400명을 상대로 비를 내리게 하는 승부에서 하나님만이 '진짜 신'임을 증명해보였습니다.

그렇지만 엘리야의 시련은 여기서 끝나지 않았습니다. 아합 왕의 부인인 이세벨이 이러한 엘리야를 괘씸하게 여겨 죽이고자 했기 때문입니다. 이세벨은 엘리야가 이방 선지자들을 모두 죽인 것을 듣고 "내가 내일 이맘때에는 반드시 네 생명을 저 사람들 중 한 사람의 생명과 같게 하리라 그렇게 하지 아니하면 신들이 내게 벌 위에 벌을 내림이 마땅하니라(왕상 19:2)."라고 엘리야에게 전했습니다. 이 얘기를 들은 엘리야는 무서워 도망치게 되었습니다. 수많은 적들을 두고 있었기에 그의 싸움은 끝이 없는 듯 보였습니다. 850명의 이방 선지자들과의 싸움 후에 엘리야는 많이 지쳐있었고, 목숨까지 위태로운 상황이었습니다. 그렇지만 엘리야는 혼자가 아니었습니다. 하나님이 함께하셨습니다. 그는 비록 목숨을 위협받는 상황에서 도망친 자였지만, 궁극적으로 승리자가 될 수밖에 없었습니다. 왜냐하면 하나님이 그의 편에 계셨기 때문입니다. 그리하여 그는 훗날 죽지도 않고, 불마차를 타고 하늘로 올라가는 영광을 맛보게 됩니다. 그의 삶은 하나님의 영광을 드러내는 통로가 된 것입니다. 그는 하나님의 명을 따라 많은 기사와 이적을 행했으며, 우상숭배로 얼룩진 이스라엘 땅에 하나님의 존재를 널리 알린 위대한 선지자로서의 삶을 살았습니다.

최후 승리자가 되라

위대한 믿음의 사람 엘리야도 시련을 통해서 어려움을 당하기도 했지만 최후의 승리자가 되었습니다. 당장은 실패한 듯이 보였고, 죽음의 위협에서 움츠러든 것처럼 보였습니다. 주변에는 아무도 없는 듯 보였고, 길고 긴 싸움은 끝나지 않을 것 같았습니다.

하지만 하나님은 그에게 능력을 부어주셨고, 새로운 왕과 그의 뒤를 이을 선지자 엘리사를 준비해 두셨습니다. 또 바알에게 무릎 꿇지 않은 사람 7천 명이 있음을 알려주시면서 엘리사를 위로하셨습니다. 이와 같이 하나님은 우리를 고난 가운데 버려두지 않으십니다. 고난 가운데서도 우리가 하나님만을 의지하고 붙들면 나아갈 길을 밝히 보이십니다. 그리하여 결국엔 최후 승리자가 되게 해주십니다.

예수 그리스도께서도 이 땅에 오셔서 많은 고난을 당하셨습니다. 인류를 구원하고자 이 땅에 오신 예수님이 많은 사람들에게 손가락질 받고, 돌을 맞아야 했습니다. 결국에는 십자가에 못 박혀 죽으시는 고난까지 당하셨습니다. 그러한 고난 가운데서 아무도 승리를 엿볼 수 없었습니다. 예수님이 죽으실 때, 모든 것이 패배로 끝난 것 같았습니다. 하지만 예수님은 부활하심으로써 결국엔 승리자가 되셨습니다. 모든 패배와 시련을 이겨내시고 하늘나라로 갈 수 있는 길을 여셨습니다. 그러므로 예수님을 붙들고 사는 우리에게 패배란 없습니다. 지금 당장 닥친 환경이 좋지 않아 보이고, 마치 패배한 것처럼 보일 지라도 예수님만 붙들고 있으면 궁극적으로 부활 승리를 맛보게 됩니다.

믿음을 가진 사람이라면 누구에게나 예외 없이 시련이 다가옵니다. 하지만 또 하나 예외 없는 것이 있습니다. 바로 하나님의 변함없는 돌보심입니다. 하나님은 축복의 때나 시련의 때나 변함없이 우리 곁에 계십니다. 우리를 항상 돌보시고 계십니다. 그래서 우리는 어느 때나 하나님을 바라봐야 합니다. 부활 승리를 가져다주실 예수님을 믿고 바라봐야지 환경을 바라봐서는 안 됩니다.

믿음의 전문가는 시련 속에서 궁극적인 승리를 바라볼 수 있는 사람을 말합니다. 믿음의 전문가라고 해서 결코 시련이 없는 것이 아닙니다. 하지만 그는 시련이 닥쳐와도 하나님을 바라볼 수 있습니다. 얼마 후에 다가올 승리를 바라볼 수 있는 것입니다. 그래서 넘어지지 않습니다. 오히려 시련이 다가올수록 더욱 하나님을 붙잡습니다. 세상의 방법을 붙잡는 대신 하나님만을 붙잡습니다. 여러 가지 카드 중 하나로 하나님을 잡는 것이 아니라 유일한 카드로 하나님을 내세웁니다. 그러니 이길 수밖에 없고 실패할 수 없는 것입니다. 순간의 승리보다는 영원한 승리를 볼 수 있는 믿음의 전문가가 되십시오. 잠깐의 웃음보다는 마지막에 진정한 웃음을 지을 수 있는 믿음의 전문가가 되어 하나님의 영광을 이 땅에 드러내십시오.

하나님의 영광을 드러내는 존재로 살아가기 위해서는 반드시 우리 곁에 다가오는 믿음의 시련도 이겨내야 합니다. 시련은 하나님의 사역자로서 엘리야를 더욱 빛나게 했고, 하나님의 계획을 멋지게 성취하고 완성하는데 일익을 감당하였습니다. 그냥 편하게 바알에게 복종했다면 받지 않았을 시련이었지만, 그 시련이 없었다면 하나님의 영광 또한 맛볼 수 없었을 것입니다. 그래서 많은 사람들이 엘리야를 믿음의 모델로 삼고 존경합니다. 지금 시대도 엘리야 때처럼 수많은 우상과 이방신들이 존재합니다. 이러한 때 우리는 믿음을 굳게 지키며 엘리야와 같은 믿음의 선지자 역할을 감당해야 합니다. 그리하여 우리를 통해 하나님의 역사하심과 그분의 영광이 드러날 수 있도록 해야 할 것입니다.

삶으로 떠나는 질문

✱ 시련 중에 하나님의 보호하심을 체험한 경험을 나눠봅시다.

....

....

....

✱ 고난과 어려움이 닥쳤을 때 우리가 취해야 할 태도는 무엇일까요?

....

....

....

기도

하나님 아버지, 실패 가운데에서도
다시 일어나게 해주시니 감사합니다.
우리의 능력은 너무나 부족하지만 하나님의 능력을
의지하고 믿으면 모든 것이 합력하여 선을 이룰 줄 믿습니다.
비록 당장은 실패일지라도 궁극적으로
우리를 가장 좋은 길로 인도하실
하나님을 믿으며 살겠습니다.
예수님의 이름으로 기도합니다. 아멘.

4장
마음하늘에 품는 꿈

이 세상의 위대한 일은
모두 위대한 꿈을 갖는 데서 시작된다
— 로버트 슐러

11일 하나님이 주신 꿈을 잡으십시오

찬송가 542장 (새 490장)

주여 지난 밤 내 꿈에

1. 주여 지난 밤 내 꿈에 뵈었으니 그 꿈 이루어 주옵소서 밤과 아침에 계시로 보여주사 항상 은혜를 주옵소서
2. 마음 괴롭고 아파서 낙심될 때 내게 소망을 주셨으며 내가 영광의 주님을 바라보니 앞길 환하게 보이도다
3. 세상 풍조는 나날이 갈리어도 나는 내 믿음 지키리니 인생 살다가 죽음이 꿈같으나 오직 내 꿈은 참되리라

[후렴] 나의 놀라운 꿈 정녕 나 믿기는 장차 큰 은혜 받을 표니 나의 놀라운 꿈 정녕 이루어져 주님 얼굴을 뵈오리라

본문 말씀 사무엘하 7장 1~9절

외울 말씀 시편 37편 5~6절

네 길을 여호와께 맡기라 그를 의지하면 그가 이루시고
네 의를 빛 같이 나타내시며 네 공의를 정오의 빛 같이 하시리로다

| 오늘의 기도 주제 |

· 우리를 향한 하나님의 꿈이 무엇인지 알 수 있도록 기도합시다.
· 우리 욕심으로 만들어 놓은 꿈을 내려놓는 기도를 합시다.

> 나는 종종 하나님의 풍성한 식탁에서 하나님의 자녀들이
> 격에 맞지 않게 하찮은 것만 구하는 것을 보았다.
> – D.L 무디

성령의 9가지 열매 중 마지막은 '절제'입니다. 절제는 하고 싶더라도 하지 말아야 하는 것이기 때문에 자신의 욕구를 포기할 줄 아는 태도를 말합니다. 또 절제란 내 욕구대로 행동하는 것을 억제합니다. 신앙에 있어서도 마찬가지입니다. 내가 아무리 능력이 많고 뛰어나다 하더라도 내가 나서야 할 순간이 아니라면 멈춰 서서 하나님의 때를 기다릴 줄 알아야 합니다. 하나님께 영광을 돌리는 일이라고 스스로 판단하고, 자기 뜻대로 무턱대고 일한다고해서 그 영광을 모두 하나님이 받으시는 것이 아닙니다. 그래서 성숙한 신앙인의 척도는 절제의 열매를 얼마나 많이 맺느냐에 달려 있습니다.

명품 차와 3류 차의 차이는 얼마나 빨리 가속도를 내느냐와 더불어 얼마나 빨리 멈출 수 있느냐에 달려 있습니다. 명견과 잡종견은 뛰라고 할 때 뛰고, 멈추라고 할 때 멈출

수 있느냐에 따라 그 차이가 분명해집니다. 이와 마찬가지로 절제의 차이가 신앙의 성숙도를 가늠하는 중요한 척도가 됩니다.

멈추라 할 때 멈추는 꿈

이런 면에서 다윗을 성숙한 신앙인이라고 할 수 있습니다. 다윗은 하나님께서 멈추라고 할 때 멈춰 섰습니다. 무엇을 하라고 명령할 때는 담대히 행동으로 옮겼습니다. 사무엘하 7장에 보면 다윗은 자신은 안락하게 거하면서 하나님의 궤는 별로 좋지 않은 환경 가운데 있는 것이 마음에 걸려서 하나님의 궤를 잘 보관할 수 있는 성전을 짓기로 마음먹습니다. 그러한 다윗의 마음이 얼마나 아름답습니까? 다윗은 안락함 속에 묻혀 있었던 것이 아니라 그 안락함을 주신 하나님을 생각했습니다. 그래서 자신이 하나님께 보답할 수 있는 길이 무엇일지 고민하다가 성전을 짓겠다는 결심을 합니다. 지금처럼 건축 기술과 자재가 발달된 환경에서도 성전을 건축하는 일은 쉽지 않습니다. 그런데 당시는 건축술이 아직 미발전된 상태인데다가 예루살렘은 높은 산에 위치하고 있어서 재료를 가져오기도 힘든 상황이었습니다. 이런 여러 가지 상황으로 미뤄봤을 때 성전을 건축하는 것은 무모하리만큼 버거운 짐이었습니다. 그러나 다윗은 이런 상황임에도 불구하고 하나님께 헌신하겠다는 마음으로 큰 결단을 내려서 선지자 나단에게 자신의 의견을 개진합니다.

그러나 나단을 통해서 주신 하나님의 말씀은 성전 건축 '불가'였습니다. 다윗의 결단이 갸륵할지언정 그가 꿨던 꿈은 하나님께서 주신 꿈이 아니었습니다. 하나님은 다윗의 성전 건축을 원치 않으셨습니다. 이러한 하나님의 뜻을 들은 다윗은 서운하고 섭섭한 마음이 들 수도 있었을 것입니다. 하지만 다윗은 순종함으로 자신의 꿈을 접었습니다. 아무리 좋은 뜻에서 품은 꿈이라 하더라도 하나님이 하지 말라시면 멈출 수 있는 사람이 바로 다윗이었습니다. 그는 철저히 하나님 편에 서서 꿈을 꾸었고, 또 하나님이 주시는 능력으로 꿈을 이뤄나갔습니다.

그런데 지금 시대에는 자신의 꿈을 하나님께서 주신 꿈보다 더 중요하게 여기는 사람들이 많습니다. 하나님께서 친히 주신 꿈을 거부하고 거절하는 무례함을 범하기도 합니다. 더 나아가서 하나님과 협상을 하려 들기도 합니다. 내가 이 방향으로 갈 테니, 하나님은 따라오라는 식입니다. 하지만 그럴수록 꿈의 성취는 점점 더 멀어질 뿐입니다.

내 인생에 가장 적합한 꿈으로

　보통 꿈을 이루는 것은 좋은 만남에서 시작됩니다. 좋은 책, 좋은 선생님, 좋은 친구와의 만남이 보통의 사람을 위대한 사람으로 만드는 계기가 됩니다. 그렇다면 우리는 어떻게 해야 할까요? 먼저 우리 인생의 가장 좋은 선생님이자 친구 되시는 예수님을 만나야 합니다. 세상의 어떠한 지침서보다 예수님을 만나 꿈을 받는 것이 꿈을 이루는 가장 손쉬운 방법입니다.

　하나님이 주시는 꿈을 품으면 탁월한 인생으로 발돋움할 수 있습니다. 왜냐하면 우리를 창조하신 하나님은 우리 인생에 가장 적합한 꿈을 주시기 때문입니다. 하나님과의 만남 속에서 우리를 향한 하나님의 꿈을 확인하십시오. 그리고 그것이 당신의 꿈과 상충된다면 그 꿈을 접고 하나님의 꿈을 꼭 붙잡으십시오. 하나님의 꿈에는 예상을 뛰어넘는 크고 비밀한 일이 계획되어 있습니다. 이 꿈을 붙잡을 때 그 계획들이 우리의 인생 가운데 펼쳐지게 될 것입니다.

　다윗은 하나님의 꿈 앞에서 자신의 꿈을 포기했습니다. 기꺼이 그리고 즐거이 내려놓았습니다. 그리고 하나님께 모든 것을 맡겼습니다. 그러자 다윗은 정오의 빛같이 찬란

하고 강렬한 빛의 인생이 되었습니다. 다윗을 향한 하나님의 꿈은 현실이 되었을 뿐만 아니라 그 꿈이 대대손손(代代孫孫) 이어지게 되었습니다. 게다가 다윗은 '하나님의 마음에 합한 사람', 즉 하나님의 마음에 드는 사람이라는 축복된 칭호까지 얻게 되었습니다. 한 사람이 하나님께서 주신 꿈을 붙잡았더니 자신의 인생은 물론이고 자신의 가정과 가문 그리고 민족에까지 선한 영향력을 끼치게 된 것입니다.

당신은 하나님께서 주신 꿈이 아니라면 지금까지 당신이 공들이고, 최선을 다해 좇아온 꿈을 내려놓을 수 있습니까? 또 하나님께서 꿈을 주시면 그것을 위해서 최선을 다해 헌신할 수 있습니까? 자신의 꿈을 내려놓고 하나님의 꿈을 붙들 용의가 있다면 당신 안에서 하나님의 꿈은 반드시 이뤄지게 될 것입니다. 나아가 당신의 인생은 물론 당신의 가정과 민족에까지 하나님의 축복이 미치게 될 것입니다. 그리고 훗날 하나님으로부터 다윗과 같이 하나님 마음에 '합한' 사람이라고 인정받고 칭찬받게 될 것입니다.

삶으로 떠나는 질문

✲ 당신은 하나님 안에서 어떠한 꿈과 목표를 품고 있습니까?

....
....
....

✲ 당신의 꿈과 하나님이 주신 꿈의 차이점이 무엇이라고 생각합니까?

....
....
....

기도

하나님 아버지, 우리가 우리 자신의 꿈에 집착한 나머지
하나님의 꿈을 놓치는 실수를 범하지 않게 하옵소서.
우리의 꿈을 내려놓고, 하나님의 꿈을 붙들 수 있는
자녀가 되게 하옵소서.
그리하여 하나님이 이끄시는 대로 꿈을 향해
나아가게 하옵소서.
예수님의 이름으로 기도합니다. 아멘.

12일 변화는 꿈을 통해 시작됩니다

찬송가 210장 (새 421장)

내 죄 사함 받고서

1. 내 죄 사함 받고서 예수를 안 뒤 나의 모든 것 다 변했네 지금 나의 가는 길 천국길이요 주의 피로 내 죄를 씻었네
2. 주님 밝은 빛 되사 어둠 헤치고 나의 모든 것 다 변했네 지금 내가 주 앞에 온전케 됨은 주의 공로를 의지함일세
3. 내게 성령 임하고 그 크신 사랑 나의 맘에 가득 채우며 모든 공포 내게서 물리치시니 내 맘 항상 주안에 있도다

[후렴] 나의 모든 것 변하고 그 피로 구속 받았네 하나님은 나의 구원되시오니 내게 정죄함 없겠네

본문 말씀 느헤미야 2장 11~20절

외울 말씀 로마서 12장 2절

너희는 이 세대를 본받지 말고 오직 마음을 새롭게 함으로 변화를 받아 하나님의 선하시고 기뻐하시고 온전하신 뜻이 무엇인지 분별하도록 하라

| 오늘의 기도 주제 |

· 하나님이 주시는 꿈을 통해 변화하는 인생을 살 수 있도록 기도합시다.
· 어려운 환경 속에서도 꿈을 포기하지 않게 해달라고 기도합시다.

> 기적은 항상 새로워진 마음에서 시작된다.
> – 4차원의 영성

세계적인 성악가 임웅균 씨는 예전에 한 매체를 통해 자신의 성공 비결을 얘기한 적이 있습니다. 어린 시절 그의 가정은 그리 넉넉지 않아 스스로 돈을 벌면서 학업을 유지해야 했다고 합니다. 그렇게 어렵게 공부하면서도 그는 최고의 성악가를 꿈꾸었습니다. 그러다 군대에 입대하게 되었는데 그곳에서 자신을 끊임없이 괴롭히는 동기를 만났습니다. 그 동기는 그를 괜히 몰아세우고 누명을 씌우는 등 못살게 굴었습니다. 그러던 중 하루는 임웅균을 막사 뒤편으로 불렀습니다. 그런데 막사 모퉁이를 돌자마자 순간 머리가 번쩍였습니다. 그 동기가 막무가내로 임웅균을 때리기 시작한 것입니다. 당시 성악을 하던 임웅균은 그 동기보다 덩치도 컸고, 힘도 셌지만 동기의 허리춤만 잡고 때리는 대로 두들겨 맞았다고 합니다. 세월이 흘러 그는 그 일을 회상하면서 왜 그렇게 맞고만 있었는지 설명했습니다.

"그 시절 군대에서 사고를 치면 해외에 나갈 수가 없었습니다. 저는 최고의 성악가를 꿈꾸고 있었기에 군대를 제대하고 나서 반드시 해외 유학을 갈 생각이었습니다. 저는 제가 꾸고 있는 꿈을 생각하면서 당장 억울하고 분한 것들은 참을 수 있었습니다."

꿈을 꾸면 삶이 변화한다

당신을 움직이게 하고, 당신을 변화시키는 힘은 무엇입니까? 임웅균 씨의 경우와 마찬가지로 사람은 대부분 분명한 꿈을 품으면 그 꿈에 맞춰 자기 삶이 조금씩 변화하기 시작합니다. 내성적이던 사람이 외향적으로 변하기도 하고, 쉽게 분내는 사람이 참을성 있는 사람이 되기도 합니다. 이처럼 변화의 생명력을 가져다주는 것은 바로 '꿈'입니다. 꿈은 우리로 하여금 변화하는 삶을 살게끔 만들어줍니다. 하나님의 꿈을 품는 순간, 우리의 모든 코드는 하나님의 것에 맞춰지면서 변화하기 시작합니다.

그래서 하나님이 주신 분명한 꿈을 가진 사람은 함부로 살지 않습니다. 인생의 한 순간 한 순간에 심혈을 기울입니다. 삶의 한 부분 한 부분에 정성을 쏟습니다. 불평할 시간이나 걱정할 여유를 허락지 않습니다. 이때 꿈은 점점 싹을 틔우게 됩니다. 나아가 꿈을 받아들일 자세가 되면 꿈을 성취하기 위한 구체적인 전략을 세웁니다. 그리고 주어진 시간을 아주 의미 있고 값있게 사용하여 꿈과 현실의 거리를 좁힙니다.

느헤미야는 하나님의 도성인 예루살렘 성벽을 재건할 꿈을 꾸었습니다. 그리고 기도하기 시작했고, 열심히 그 꿈을 이루기 위해서 준비했습니다. 그래서 아닥사스다 왕이 그에게 무엇이 필요한 지를 물었을 때 청산유수처럼 거침없이 대답할 수 있었습니다. 그리고 꿈을 이루기 위해 수개월이 걸리는 거리를 마다하지 않고 이동하였습니다. 휴식도 잠시 바로 성벽 재건을 위해서 사람들을 격려하고, 자신도 그 일에 동참하였습니다. 꿈은 느헤미야를 잠시도 내버려 두지 않았습니다. 오히려 그를 움직이는 원동력이 되었습니다.

이와 같이 꿈을 품은 사람은 생명력이 넘칩니다. 꿈을 향해 힘차게 나아가는 사람은 기존에 자신이 갖고 있던 안 좋은 습관과 태도 등을 모두 버릴 수 있습니다. 그러므로 가치 있는 삶으로 변화하기 위해서는 먼저 하나님이 주시는 꿈을 품어야 하는 것입니다.

꿈은 인내를 먹고 자란다

　꿈을 품은 사람은 환경을 뛰어넘는 힘을 가지게 됩니다. 실제로 저희 교회 출신의 교단 군목이 그런 경우라 할 수 있습니다. 그는 어릴 적 아버지를 여의고, 매우 가난한 가정 형편에서 자랐습니다. 그러던 중 가족 모두가 저희 교회에 나오게 되었습니다. 그 가정은 얼마나 가난했던지 전도한 구역장이 가끔씩 주는 1~2만 원이 가계에 큰 보탬이 될 정도였습니다. 그런데 그는 학창시절부터 저희 교회에 나왔지만 중·고등부에 등록하지 않고 그냥 대예배에만 참석했습니다. 나중에 알고 보니, 중·고등부에 등록할 때 교적을 적으면서 집 전화번호를 알려줘야 하는데 형편상 집 전화가 없어 등록을 하지 않았다고 합니다. 사정이 이렇다보니 당연히 학창 시절에는 도시락도 싸갈 수 없었습니다. 그저 어머니가 아침 일찍 일하러 나갈 때 주는 돈 500원, 1,000원을 가지고 하루를 때워야 했습니다.

　그의 환경은 누가 보아도 힘겹고 어려운 상황이었습니다. 하지만 그는 제 설교를 듣고 희망을 얻고 꿈을 꾸기 시작했습니다. 절대 절망의 상황 가운데서도 그에게 꿈만은 절망이 아니었습니다. 그는 가난했지만 꿈만큼은 부요했습니다. 그는 교수가 되고 싶었고, 목사가 되고 싶었습니다.

그래서 열심히 공부를 했고, 학력고사에서 서울대에 입학할 수 있는 점수를 받게 되었습니다. 하지만 그는 하나님의 인도하심을 따라 다른 대학에 가지 않고 한세대에 입학을 했습니다. 그리고 그해 군종사관후보생시험(군목 시험)에서 당당히 전체 수석을 하였고, 군목으로 사역하였습니다. 그는 거기서 멈추지 않고 끊임없이 노력하여 얼마 전에는 한세대학교대학원에서 박사 학위까지 받았습니다.

이 모든 것이 그가 머리가 좋아서 거저 이뤄진 것이 아닙니다. 그가 고백하기를 공부하다가 이해가 되지 않을 때는 이해가 될 때까지 읽었다고 합니다. 그는 좋은 학원을 다닐 수도 없었고, 좋은 문제집 하나조차 살 형편이 되지 않았기 때문에 무작정 책을 파고드는 수밖에 없었습니다. 당연히 보통 사람들이 공부에 매달리는 것에 몇 배의 노력을 기울였습니다. 이런 과정들이 힘들었지만 그는 꿈이 있었기 때문에 다른 유혹들과 싸워 이길 수 있었고, 자기 삶을 통제할 수 있었다고 합니다.

이처럼 꿈을 가진 사람은 현재의 삶에 안주하지 않습니다. 꿈을 향해 변화하고 움직입니다. 꿈을 이루기 위한 물꼬를 트는 일을 마다하지 않습니다. 하지만 우리가 분명히 알아야 할 것은 이러한 변화조차 하나님이 가능케 하신다는 것입니다. 우리 힘으로는 작은 습관하나 고치기 힘이 듭니다. 그러나 하나님이 주신 꿈을 품고, 우리를 그 꿈에 내어맡기면 삶에 변화가 나타나기 시작합니다. 우리 인생이 꿈에 맞춰 변화되고, 환경까지도 변화됩니다. 이것이 하나님이 주시는 꿈이 가진 힘입니다. 우리가 품은 꿈은 이러한 능력을 갖고 있지 못합니다. 그래서 항상 더 많이 수고하고 노력해야만 합니다. 꿈을 이루는 과정이 버겁고 힘들게 느껴집니다. 하지만 하나님의 주시는 꿈을 품으면 모든 것이 하나님의 능력으로 가능해집니다. 우리의 성품은 물론 작은 습관까지도 하나님이 변화시켜줍니다. 그러므로 우리 스스로 좀 더 나은 삶을 살기 위해 노력하기 전에 하나님의 꿈을 품으십시오. 그러면 그 꿈을 이루는 과정에서 우리는 변화하게 됩니다. 하나님과 손잡으십시오. 그분과 함께할 때, 무한은 유한하게 되고 불가능은 가능으로 변화하게 됩니다.

삶으로 떠나는 질문

✼ 당신에게 주신 하나님의 꿈은 무엇입니까?

....

....

....

✼ 하나님의 꿈을 품기 전과 후에 달라진 점이 있다면 무엇입니까?

....

....

....

기도

하나님 아버지, 부족한 우리를 통해
광대하신 꿈을 나타내시니 감사합니다.
하나님의 꿈을 품은 우리가 게으르고 악한 습관을 버리고
하나님의 꿈을 나타내기에 부족함 없는 자녀 되게 하옵소서.
그리하여 이 땅에 하나님의 영광을 드러내는
빛과 소금의 역할을 감당케 하옵소서.
예수님의 이름으로 기도합니다. 아멘.

13일 고난 가운데도 이루십니다

찬송가 478장 (새 419장)
주 날개 밑 내가 편안히 쉬네

1. 주 날개 밑 내가 편안히 쉬네 밤 깊고 비바람 불어쳐도 아버지께서 날 지키시리니 거기서 편안히 쉬리로다
2. 주 날개 밑 나의 피난처 되니 거기서 쉬기를 원하노라 세상이 나를 못 위로해 주나 거기서 평화를 누리리라
3. 주 날개 밑 참된 기쁨이 있네 고달픈 세상 길 가는 동안 나 거기 숨어 돌보심을 받고 영원한 안식을 얻으리라
[후렴] 주 날개 밑 즐거워라 그 사랑 끊을 자 뉘뇨 주 날개 밑 내 쉬는 영혼 영원히 거기서 살리

본문 말씀 사무엘상 26장 17~25절

외울 말씀 예레미야 애가 3장 33절

주께서 인생으로 고생하게 하시며
근심하게 하심은 본심이 아니시로다

| 오늘의 기도 주제 |

· 고난 가운데서도 꿈을 잃지 않도록 기도합시다.
· 하나님의 방식에 순종하며 꿈을 이룰 수 있도록 기도합시다.

> 고난은 단지 하나님의 은총의 날개 아래 드리워지는
> 그늘에 불과하다.
> – 조지 맥도날드

저는 50여 년간 목회를 하면서 지금까지 많은 고난의 터널을 통과해야만 했습니다. 그러나 고난을 경험한다고 해서 하나님의 계획이 차질을 빚거나 포기된 적은 한 번도 없습니다. 오히려 고난을 통해서 제가 생각한 것보다 더 멋진 계획들이 펼쳐졌습니다. 고난 가운데서 제 자신의 능력을 의지하던 습관을 버리고 철저히 하나님만 의지할 수 있게 되었습니다. 그래서 이제 웬만한 고난에는 눈 깜짝 하지 않을 수 있게 되었습니다. 고난 뒤에 이뤄지는 하나님의 꿈을 몇 번이나 체험했기 때문입니다. 이처럼 고난은 하나님의 꿈을 이뤄주는 통로로 작용하기도 합니다. 하나님은 우리가 고난이라 생각하는 것들을 오히려 역전의 발판으로 삼아주십니다. 흙을 아무리 예쁘게 빚어도 불가마에 넣지 않으면 도자기가 될 수 없습니다. 불가마를 통과해야만 멋진 도자기가 완성되는 것입니다. 하나님의 꿈도 바로 이러한 고난의 과정을 통해서 이뤄집니다.

고난도 하나님의 계획임을 인정하라

다윗은 하나님께 기름 부음을 받았습니다. 그것은 그가 하나님께 왕으로 선택받았다는 증거였습니다. 왕으로 선택받았음에도 불구하고 그는 수많은 위험과 위기를 겪어야만 했습니다. 여러 번 죽을 고비를 넘기면서 하나님의 꿈은 성취되지 않을 것 같기도 했습니다. 장인어른이자 가장 절친한 친구의 아버지인 사울 왕은 그를 죽이고자 했습니다. 다윗은 그 추격을 피하기 위해서 블레셋까지 도망쳐야 했습니다. 블레셋은 자기가 물리친 골리앗의 모국입니다. 그런 곳에 들어간다는 것은 죽음을 자초하는 일이나 마찬가지였습니다. 그 정도로 다윗을 향한 사울의 추격은 녹록치 않았습니다. 블레셋에 들어간 다윗은 침을 질질 흘리면서 미친 척을 해서 겨우 생명을 이어갔습니다. 하나님께서는 분명히 다윗을 이스라엘의 왕으로 세우시겠다고 약속하고 보증하셨습니다. 그리고 다른 사람들도 사울보다 다윗을 더 칭송하고 인정하였습니다. 그런데도 그에게는 고난이 그치지 않았습니다. 아마도 다윗은 그 시기에 하나님의 꿈을 이룬다기보다 그저 목숨을 유지하는 것만으로도 다행이라고 여졌을 것입니다. 하나님의 꿈은 현실과 너무 먼 것처럼 느껴졌을 것입니다.

그러나 하나님은 어떠했습니까? 그 순간에도 끊임없이 다윗을 통해 일하고 계셨습니다. 다윗을 왕으로 만들기 위해 여러 과정들을 연단시키신 것입니다. 고난으로 연단되어진 다윗은 사울을 죽일 기회가 두 번이나 있었음에도 불구하고 그를 죽이지 않았습니다. 너그러운 성품을 갖게 된 것입니다. 자신을 죽이려던 사람조차도 용서할 줄 아는 왕의 인품을 갖게 되었습니다. 게다가 사울의 광적인 다윗에 대한 질투는 민심을 멀게 했습니다. 그래서 다윗이 왕으로 즉위했을 때, 많은 백성들의 환대를 받을 수 있었습니다. 이렇게 모든 상황들이 척척 들어맞은 것은 모두 하나님이 일하셨기 때문입니다. 다윗이 고난이라고 생각하는 그 순간들도 사실 하나님에게는 꿈을 이루는 과정이었습니다. 실패라고 보이는 순간도 승리를 향한 지름길이었습니다.

고난을 통해 단련되어지는 삶

하나님의 꿈을 품은 사람은 고난이라는 환경 속에서도 궁극적인 하나님의 꿈을 바라봅니다. 매순간 달라지는 환경에 흔들리지 않습니다. 자신을 향한 주위 사람들의 평가에도 초연한 태도를 보입니다. 자신을 높인다고 해서 교만해지지 않고, 무시한다고 해서 낮아지지 않습니다. 오로지 하나님만을 신뢰합니다. 자신에게 꿈을 주신 하나님만을 바라보며 축복이 다가오면 감사로 고난이 다가오면 인내함으로 묵묵히 이겨낼 줄 아는 사람입니다. 그 모든 시기를 지나고 나면 어느새 꿈이 성취되어 있는 것을 볼 수 있습니다.

제가 어렸을 때 나비가 번데기 안에서 힘겹게 나오는 것을 보았습니다. 그 장면을 지켜보는 것이 안타까워서 가위를 가지고 번데기 껍질을 잘라주었습니다. 그러면 애벌레가 좀 더 쉽게 번데기 안에서 나와 나비가 될 수 있을 것이라고 생각했습니다. 그런데 그렇게 껍질을 잘라준 나비들은 밖으로는 쉽게 나왔지만 날지는 못했습니다. 번데기 껍질에서 힘겹게 나오면서 날 수 있는 근육이 단련되는 것인데 그 과정을 없애버렸기 때문에 날 수 없는 것이었습니다.

이와 마찬가지로 고난은 영적인 근육을 단련시켜주는 껍질과 같습니다. 이 과정을 거쳐 우리는 하나님의 꿈을 감당할 수 있는 능력의 사람으로 새롭게 태어납니다. 역경은 우리의 영적인 감각을 회복시키며, 하나님의 사업에 쓰임 받도록 채비시키는 연장입니다. 그래서 역경 후에는 시편

119편 71절의 '고난당한 것이 내게 유익이라 이로 말미암아 내가 주의 율례들을 배우게 되었나이다.'라는 고백이 절로 나오게 되는 것입니다.

　상황과 조건이 열악하다고 해서 하나님의 능력까지 부족한 것은 아닙니다. 실패하고 넘어지더라도 하나님은 우리를 떠나지 않으십니다. 오히려 더 큰 힘을 부어 주시고 곁에서 응원해 주십니다. 고난 가운데서도 하나님은 놀라운 일을 계획하시고 이루실 뿐만 아니라 고난 중에 더 큰 도움의 손길을 펼치십니다. 이제 고난과 역경의 시간을 두려워하지 마시고 하나님의 마음을 헤아리는 시간으로 받아들이시길 바랍니다. 그 시간이 지나면 차원 높은 신앙과 인격으로 하나님을 기쁘시게 하는 자녀로 새롭게 태어나게 될 것입니다.

삶으로 떠나는 질문

✳ '고난이 유익이라.'라는 말이 지닌 뜻에 대해 생각해봅시다.

....
....
....

✳ 고난 후에 더 큰 축복을 누린 체험에 대해 나눠봅시다.

....
....
....

기도

하나님 아버지, 고난 속에 있는 우리를 잊지 않으시고
건져주실 줄 믿습니다.
이 고난을 통해서도 역사하시는 하나님을 온전히 신뢰합니다.
어떠한 어려움에서도 하나님이 함께 계심을 믿으며
좌절치 않고, 꿈을 향해 나아가게 하옵소서.
예수님의 이름으로 기도합니다. 아멘.

14일 최선을 다하고 기다리십시오

찬송가 260장 (새 496장)

새벽부터 우리

1. 새벽부터 우리 사랑함으로써 저녁까지 씨를 뿌려 봅시다 열매 차차 익어 곡식 거둘 때에 기쁨으로 단을 거두리로다
2. 비가 오는 것과 바람 부는 것을 겁을 내지 말고 뿌려 봅시다 일을 마쳐 놓고 곡식 거둘 때에 기쁨으로 단을 거두리로다
3. 씨를 뿌릴 때에 나지 아니할까 슬퍼하며 심히 애탈지라도 나중 예수께서 칭찬하시리니 기쁨으로 단을 거두리로다

[후렴] 거두리로다 거두리로다 기쁨으로 단을 거두리로다 거두리로다 거두리로다 기쁨으로 단을 거두리로다 아멘

본문 말씀 빌립보서 3장 12~15절

외울 말씀 갈라디아서 6장 9절

우리가 선을 행하되 낙심하지 말지니
피곤하지 아니하면 때가 이르매 거두리라

| 오늘의 기도 주제 |

· 최선을 다하고 하나님의 때를 기다릴 수 있도록 기도합시다.
· 언제나 하나님의 방식을 따르고, 하나님의 시간을 기다릴 수 있도록 기도합시다.

> 어떤 일이든 할 수 있고, 이루어진다고 마음먹으라.
> 그리고 그 방법을 찾으라.
> – 아브라함 링컨

　　　　세상에는 희망사항을 가지고 있는 사람과 목표를 가지고 있는 사람이 있습니다. 희망사항을 가진 사람은 그렇게 되기를 생각만 하고 있는 사람인데 반해 목표를 가진 사람은 그 목표를 이루기 위해서 정직한 대가를 지불하는 사람을 말합니다. 그래서 희망사항을 가진 사람들은 망상 속에서 인생을 허비하게 되고, 목표를 가진 사람은 인생을 가치 있게 만들어 나갑니다. 그리스도인들은 하나님께서 세우신 목표를 향해 나아가야 합니다. 희망에 부풀어 살면서 요행만을 바라서는 안 됩니다. 그러므로 하나님의 꿈을 품었다면 정직한 땀의 대가를 치르고자 노력해야 합니다.

　제가 대조동에서 목회하던 시절에 고민 끝에 복권을 산 적이 있습니다. 지금 생각해보면 부끄러운 일이지만 형편이 너무 어렵다보니, 혹시나 하는 마음에서 산 것이었습니다. 그러나 '꽝' 이었고 그 절망감은 이루 말할 수 없었습니다. 그리고 속상한 마음에 하나님께 푸념 섞인 기도를 올렸습니다. 그러자 하나님은 저에게 멋진 꿈을 주셨습니다. 그리고 그 꿈을 이루기 위해서는 '기도하는 손'과 더불어 헌신하며 '일하는 손'이 필요함을 깨닫게 하셨습니다. 그때 복권에 당첨되게 해달라고 기도할 것이 아니라, 최선을 다해 사역을 하는 것이 하나님의 뜻임을 알 수 있었습니다.

우리가 해야 할 일

'네 입을 크게 열라 내가 채우리라(시 81:10).'는 말씀 속에는 하나님께서 채우시겠다는 약속과 더불어 우리가 입을 크게 여는 일을 행해야 함을 알 수 있습니다. 그런데도 사람들은 입을 크게 열라는 말씀은 쉽게 간과합니다. 오히려 하나님께 모든 것을 맡겼다는 명목 하에 스스로 노력하지 않는 게으르고 나태한 삶을 합리화시키기도 합니다. 그러면서 왜 자신을 통해서는 하나님이 꿈을 이뤄주시지 않느냐고 볼멘소리를 합니다.

많은 사람들이 하나님이 저를 통해 일하시고, 그로 인해 제가 큰 교회 목회를 할 수 있는 것에 대해 부러움을 표합니다. 하지만 제가 목회 사역 50년간 3일 이상의 휴가를 가본 적이 없다는 것을 아는 사람은 별로 없습니다. 물론

제가 그렇게 사역에 열심을 다한 것은 사람들에게 인정받기 위함이나 일중독이어서가 아닙니다. 다만 하나님의 계획이 저의 나태함으로 인해 차질 빚지 않도록 하기 위함이었습니다. 그래서 저는 하나님의 꿈이 제 삶에 나타나도록 무릎 꿇고 기도만 하지 않았습니다. 목표를 이루기 위해서 최선을 다했습니다. 이 땅에서 제게 주어진 시간을 헛되이 보내지 않기 위해 많은 노력을 기울였습니다. 인간적으로 힘들다고 느껴질 때도 있었지만 천국에 가면 영원하고 참된 안식을 누릴 수 있다는 믿음이 있었기 때문에 이생에서의 휴식은 잠시 미뤄둘 수 있었습니다. 하나님의 꿈을 품고 부지런히 그 꿈을 위해 노력하면 하나님이 우리 사역에 능력을 부어주시고 주어진 일들을 감당할 수 있게 해주십니다.

하나님의 때를 기다리라

창세기 1장에 보면 하나님께서 모든 만물을 창조하시고 보시기에 심히 좋았다(very good)고 감탄하셨습니다. 그런데 2장에 가면 갑자기 보기에 좋지 않다(not good)고 말씀하십니다. 왜냐하면 사람이 혼자 사는 것이 좋아 보이지 않았기 때문입니다. 그래서 아담을 위해서 '돕는 배필을 만들어야겠다.'라고 결심하십니다. 그런데 그런 필요를 통감하셨지만 하나님께서는 즉시 여자를 만들지 않으셨습니다. 아담이 모든 동물들에게 이름을 지어준 다음에야 비로소 여자를 만드셨습니다. 아담이 해야 할 일을 다 마친 후에 여자를 만드신 것입니다. 왜 그러셨을까요? 하나님께서는 우리의 필요를 우리보다 더 잘 알고 계시지만, 가장 적절한 때까지 기다리시는 분이기 때문입니다. 하나님께서는 가장 절묘한 타이밍에 역사하셔서 모든 상황을 반전시키십니다.

그렇게 가장 적절한 시기에 여자를 만들어 주시자 아담은 "내 뼈 중의 뼈요 살 중의 살이라(창 2:23)."라며 매우 흡족해 합니다. 이처럼 하나님의 응답은 항상 정확합니다. 한 치의 오차도 없습니다. 게다가 하나님은 실수가 없으십니다. 그래서 우리가 생각하는 때는 지금이지만 하나님의 때는 지금이 아닐 수도 있다는 것을 믿고 신뢰해야 합니다. 결국 우리가 해야 할 것은 최선을 다하고 하나님의 때를 기다리는 일입니다.

어린 아이가 배가 고프다고 할 때에 바로 먹을 것을 주면, 'Yes'라는 응답입니다. 그러나 어린 아이가 날카로운 칼이나 꼬챙이를 가지고 놀겠다고 조르면 부모는 거절합니다. 이것은 'No'라는 응답입니다. 칼과 꼬챙이를 달라는 아이에게 부모가 장난감으로 바꿔서 주는 것은 'Change'라는 응답입니다. 그리고 그 어린 아이가 유치원에서 맘에 드는 친구가 생겨서 결혼하겠다고 한다면 기다리라고 할 것입니다. 이것은 'Wait'라는 응답입니다. 이처럼 부모는 어린 아이의 필요를 잘 알고 적절하게 응답해줍니다. 마찬가지로 가장 뛰어나시며 우리보다 우리를 잘 아시는 하나님께서도 우리의 필요를 알고 가장 적절한 때에 가장 적합한 것으로 응답하십니다. 그런데 부모가 어린 아이에게 응답하는 것과 마찬가지로, 하나님의 응답도 'Yes' 아니면 'No'로 결정될 수 있는 것이 아닙니다. 분명 'Change'도 있으며 'Wait'라는 응답도 있습니다. 그런데도 사람들은 'Change'나 'Wait'라는 응답을 'No'로 인식하고 하나님이 자신의 기도에 응답하지 않으신다고 푸념합니다. 하지만 'Change'나 'Wait'라는 응답에 대한 하나님의 뜻을 알기 위해 노력한다면 더욱 기쁜 마음으로 하나님의 때와 방식을 기다릴 수 있습니다.

최선의 결정 없이는 최선의 결과가 나올 수 없습니다. 그러나 최선의 결정을 했다고 해서 최선의 결과가 나오는 것은 아닙니다. 최선의 결정과 더불어 열심을 다해야만 최선의 결과를 기대할 수 있는 것입니다. 공을 들이고 심혈을 기울여야 하는 것입니다. 그리고 온전히 이루시는 하나님의 때를 기다려야 합니다. 하나님께서는 우리보다 우리의 필요를 가장 정확히 잘 아시는 분이십니다. 뿐만 아니라 우리의 필요를 채우실 능력도 있고 그럴 준비도 되어 있는 분이십니다. 하나님을 재촉하지 마십시오. 우리는 그저 하나님의 때까지 최선을 다하며 땀을 흘려야 합니다. 그리고 주님께서 일을 이루실 때까지 기다려야 합니다. 하나님의 일은 땀의 대가뿐 아니라 시간의 대가도 가미되어야 완성될 수 있습니다. 최선을 다해 일하고, 기다림으로써 하나님의 멋진 솜씨를 체험하시기 바랍니다.

삶으로 떠나는 질문

✽ 하나님이 맡기신 일에 소명을 갖고 최선을 다하기 위해 당신은 어떠한 노력을 하고 있습니까?

....
....
....

✽ 하나님이 기도에 당장 응답하지 않으실 때 당신의 태도는 어떠한 지 생각해봅시다.

....
....
....

기도

하나님 아버지, 우리가 하나님의 때를 기다리며
근면하고 부지런하게 하나님의 계획에 동참하는
자녀가 되게 하옵소서.
항상 하나님의 때를 예비하며 준비하는
믿음의 사람이 되어 하나님이 이루시는 일들에
함께 기뻐하며 감격할 수 있는 삶을 살게 하옵소서.
예수님의 이름으로 기도합니다. 아멘.

5장
선포해야 할 4차원의 말

복음은 설명하는 것이 아니요 선포하는 것이며
이성에게 호소하는 것이 아니요 믿음에게 명령하는 것이다
― A.W. 토저

창조적인 언어는 미래를 바꿉니다

찬송가 252장 (새 518장)

기쁜 소리 들리니

1. 기쁜 소리 들리니 예수 구원하신다 만민에게 전하라 예수 구원 하신다 주님 명령하시니 산을 넘고 물 건너 온 세상에 전하라 예수 구원하신다
2. 바다들아 외쳐라 예수 구원하신다 모든 죄인 나오라 예수 구원 하신다 모든 섬아 일어나 메아리쳐 울려라 복음 중에 복음은 예수 구원하신다
3. 환난 중에 하는 말 예수 구원하신다 다시 살아나시어 예수 구원하신다 지은 죄를 인하여 슬픈 맘이 있어도 숨질 때에 내 할 말 예수 구원하신다
4. 바람들아 외쳐라 예수 구원하신다 기뻐하라 나라들 예수 구원하신다 구원하는 소리를 산과 들에 전하라 우리들의 승전가 예수 구원하신다

본문 말씀 잠언 18장 20~21절

외울 말씀 민수기 14장 28절

그들에게 이르기를 여호와의 말씀에 내 삶을 두고 맹세하노라 너희 말이 내 귀에 들린 대로 내가 너희에게 행하리니

| 오늘의 기도 주제 |

· 우리의 말에 창조적인 능력이 있음을 인정하는 기도를 드립시다.
· 긍정적인 상황을 머릿속에 그리며 기도합시다.

> 다른 사람들에 대해 나쁜 말을 하는 것은
> 자신을 근사하게 보이려는 싸구려 방법이다.
> — 앨렌 애펠

하나님은 이 땅을 어떻게 창조하셨습니까? 바로 말씀입니다. 하나님께서 말로 선포하자 빛과 어둠이 생기고, 하늘과 땅이 나뉘었습니다. 하나님의 언어는 대단히 큰 창조적인 능력을 지니고 있는 것입니다. 하나님의 형상을 입은 인간들도 이러한 말의 권세를 가지고 있습니다. 이 땅의 어떠한 생명체에게도 없는 매우 중요한 특권을 가지고 있는 셈입니다. 그런데 입술의 권세는 자기에게만 국한된 것이 아니라 다른 사람들에게도 직접적인 영향을 끼칠 수 있다는 점에서 더욱 중요합니다. 잘못 사용하면 상대방에게 상처 입히는 것을 넘어서 그 사람을 죽음으로 몰고 갈 수도 있기 때문입니다. 반대로 잘 사용하면 사람의 상처를 치유하기도 하고 사람을 살릴 수도 있습니다. 이처럼 말은 살아서 움직이기 때문에 말에 대한 결과 또한 자신과 주위 사람들에게 영향을 미칩니다. 그러므로 말은 쉽게 내뱉을 수는 있지만, 그 결과에 대해서는 쉽게 책임질 수 없다는 사실을 깨달아야 합니다. 그런데 사람들은 이러한 특권을 잘 모르고 말을 함부로 사용해서 낭패를 보는 경우가 많습니다.

말이 씨가 되어

유대인들은 서로 인사할 때 언제나 '샬롬'이라고 인사합니다. 샬롬은 당신의 삶에 평강이 가득하여 넘쳐흐르기를 원한다는 의미입니다. 이런 인사를 상황이 좋을 때나 좋지 않을 때나 항상 합니다. 그들은 나라를 잃고 험악한 세월을 보낼 때도 샬롬이라고 인사했고, 그 결과 하나님의 진정한 평강을 누리는 삶을 살 수 있었습니다.

유대인과 달리 우리나라 사람들은 부정적인 말을 많이 사용합니다. 특히나 '죽겠다'라는 말을 많이 합니다. '힘들어 죽겠다', '더워 죽겠다', '추워 죽겠다', 심지어는 '배불러 죽겠다', '좋아 죽겠다'라고도 합니다. 또 제가 어릴 적 어른들이 하시는 말 중에 절반은 욕이 섞여 있었고, 그들이 하는 말에는 저주하는 말들이 많았습니다. '염병할 놈', '이 망할 놈을 봤나', '경을 칠 놈' 등 습관적으로 저주의 말들을 내뱉곤 했습니다. 실제로 한 연구 결과에서도 한국 사람들이 가장 많이 하는 말 중에 하나가 '없다'라는 말이라고 합니다. 그만큼 우리나라 사람들은 부정적인 언어 습관이 입에 배어 있습니다.

이러한 언어습관은 우리 민족에게 큰 영향을 끼쳤습니다. 고대 문헌을 보면 우리 민족은 평균 수명도 짧고, 궁핍하고 못사는 민족이었다는 것을 알 수 있습니다. 현대에 들어와서도 상황은 그리 달라지지 않았습니다. 1960년대 우리나라 GNP는 76달러로, 당시 UN에 등록된 120개국 중 119위였습니다. 우리 민족의 부정적인 언어습관이 부정적인 삶을 초래한 것입니다. 그러다 새마을운동을 시작하면서 외치는 구호와 노래가 달라졌습니다. '잘 살아보세'라는 구호와 노래가 온 동네에 울려 퍼지게 되었고, 사람들의 입에서는 칭찬과 격려의 말이 풍성해지기 시작했습니다. 그리고 그 결과 정말 잘 사는 민족이 되었습니다. 예전에는 먹을 것이 없어서 무엇을 먹을까 고민했었는데, 지금은 먹을 것이 많아서 무엇을 골라 먹을까 고민하게 된 것입니다.

이처럼 말은 씨가 되어 뿌리 내리고 결국엔 열매를 맺습니다. 긍정의 말을 심으면 긍정적인 결과가 삶에 나타납니다. 하지만 습관적으로 '죽겠다', '없다' 등의 말을 쓰고 평소에 불평에 찬 부정적인 말들을 내뱉다보면 부정적인 결과를 가져올 수밖에 없는 것입니다.

한 나라의 운명이 그 나라 국민들이 하는 말에 달린 것처럼 개인의 삶도 어떤 말을 하느냐에 영향을 받습니다. 그래서 성공하는 사람들은 사소한 말 한 마디도 조심하는 것을 볼 수 있습니다. 이렇게 하나님을 모르는 사람들이 내뱉는 말도 인생에 영향을 미칩니다. 그렇다면 하나님의 권세를 등에 입은 우리의 언어에는 얼마나 큰 능력이 있겠습니까? 우리가 내뱉는 말은 그것이 부정적이든, 긍정적이든 간에 엄청난 창조력을 가지고 우리 삶에 그 열매를 고스란히 가져다줍니다.

믿음의 언어를 생활화하라

우리가 믿음의 언어로 긍정적인 상황을 고백한다면 우리 인생에 하나님의 선하신 뜻이 나타나게 됩니다. 상황이 좋아질 것이라는 긍정의 선포를 할 때, 상황이 긍정적으로 변화하게 되는 것입니다. 여기서 말하는 긍정적인 언어는 세상의 긍정적인 표어나 구호와는 다릅니다. 우리가 내뱉는 긍정의 선포는 신실하신 하나님에 대한 신뢰와 믿음을 전제로 하기 때문입니다. 심리학에서도 긍정적인 말의 효과를 잘 설명하고 있습니다. 긍정적인 말을 계속해서 내뱉으면 자기 최면 효과 때문에 기분 좋게 살 수 있다는 것입니다. 그러다보면 삶에 진짜 좋은 일들이 일어난다고 합니다. 하지만 그리스도인이 하는 '긍정'의 선포는 우리 뒤에 계신 하나님에 대한 신뢰를 표현하는 '믿음'의 선포이기에 차원이 다릅니다.

  이 차이는 자동차와 도로로 설명할 수 있습니다. 비포장도로에서 운전을 하면 승차감이 떨어집니다. 이때 자동차만 좋은 자동차로 바꾼다고 승차감이 좋아집니까? 어느 정도는 좋아질 수 있습니다. 그러나 보다 좋은 승차감을 얻기 위해서는 비포장도로를 아스팔트로 바꿔야 합니다. 심리학에서 말하는 긍정적인 말은 좋은 자동차로 바꾸는 것이지 도로를 포장하는 것이 아닙니다. 삶이 조금은 변화할 수 있지만 근본적인 해결책은 아니라는 것입니다. 그러나 그리스도인이 하는 긍정의 선포는 비포장도로를 아스팔트로 바꾸는 것이기 때문에 승차감의 문제를 근본적으로 해결해줍니다. 도로가 바뀌었으니 더 이상은 불편한 승차감 때문에 고생할 필요가 없습니다. 이처럼 하나님 안에서 긍정적인 언어를 선포하게 되면 우리 삶이 근본적으로 변화하게 됩니다.

  하나님의 자녀 된 우리의 언어에는 강한 창조력이 있습니다. 그러므로 긍정의 언어를 선포함으로써 긍정적인 미래를 창조해 나가야 합니다. 반대로 부정적인 언어는 입에서 씻어냄으로써 마귀를 살찌우는 일은 하지 말아야 할 것입니다. 불평의 생각이 들 때에는 차라리 침묵해야 하며, 긍정적인 생각은 선포함으로써 우리 삶에 그것이 사건으로 나타나도록 해야 합니다. 창조적인 말의 선포를 통해서 긍정적인 사건들이 열매 맺도록 하십시오. 이 과정 속에서 믿음이 더욱 성숙하고, 하나님의 창조적인 능력이 나타나게 될 것입니다.

삶으로 떠나는 질문

✽ 세상에서 인정받고 어울리기 위해 당신이 따라하는 세상의 언어에는 어떤 것들이 있습니까?

....
....
....

✽ 당신이 하는 말이 믿음의 선포인지, 긍정적인 구호에 지나지 않는 것인지 생각해봅시다.

....
....
....

기도

하나님 아버지, 우리에게 창조적인 능력을 나타내는
입술의 권세를 주시니 감사합니다.
우리가 그 능력을 올바로 하나님의 일에
사용할 수 있도록 인도하여 주옵소서.
우리의 말이 가진 힘을 헛되고 악한 일에
쓰지 않도록 인도하여 주옵소서.
예수님의 이름으로 기도합니다. 아멘.

칭찬하는 사람이 되십시오

찬송가 347장 (새 212장)

겸손히 주를 섬길 때

1. 겸손히 주를 섬길 때 괴로운 일이 많으나 구주여 내게 힘 주사 잘 감당하게 하소서
2. 인자한 말을 가지고 사람을 감화시키며 갈 길을 잃은 무리를 잘 인도하게 하소서
3. 구주의 귀한 인내를 깨달아 알게 하시고 굳건한 믿음 주셔서 늘 승리하게 하소서
4. 장래의 영광 비추사 소망이 되게 하시며 구주와 함께 살면서 참 평강 얻게 하소서 아멘

본문 말씀 사무엘상 18장 1~9절

외울 말씀 히브리서 10장 24절

서로 돌아보아 사랑과 선행을 격려하며

| 오늘의 기도 주제 |

· 상대방의 장점을 볼 수 있는 눈을 갖게 해달라고 기도합시다.
· 남을 칭찬하는 입술을 갖게 해달라고 기도합시다.

> 친절한 말이 생각나거든 지금해라.
> 내일이면, 이미 너무 늦을지 모른다.
> – 래리 킹

세상에서는 어떤 단어와 어투를 사용하느냐에 따라서 그 사람의 출신이나 신분을 가늠할 수 있습니다. 하나님 자녀 된 우리도 그 신분에 맞는 언어를 사용해야 합니다. 그렇다면 어떤 언어를 사용하는 것이 하나님의 자녀라는 신분에 걸맞은 언어일까요? 바로 예수님의 언어를 배우는 것입니다. 예수님은 제자들에게 늘 사랑이 담긴 말을 하셨습니다. 잦은 실수와 불순종을 반복하는 그들에게 칭찬과 격려를 아끼지 않으셨습니다. 그래서 제자들은 물론 희망 없는 세리, 창기, 많은 죄인들과 귀신들린 자들의 자아상이 회복되고, 멋진 인생으로 새 출발할 수 있었습니다.

칭찬은 사람을 살린다

세상에서도 위대한 사람의 탄생 뒤에는 항상 칭찬하고 격려해주는 사람들이 있었습니다. 제네럴 일렉트릭(GE)의

CEO였던 잭 웰치는 어릴 적에 그다지 잘하는 것도 없고, 말까지 더듬어서 항상 친구들의 놀림감이 되었습니다. 그가 하루는 심하게 놀림을 받고 의기소침해진 모습으로 집에 돌아왔습니다. 그는 어머니에게 자신이 말을 더듬어서 친구들에게 놀림을 받는다며 울먹였습니다. 그때 그의 어머니는 그를 토닥이며 이렇게 말했습니다.

"네가 말을 더듬는 것은 네 두뇌가 다른 사람들보다 너무 빨리 돌아가서 그 생각을 입이 따라가지 못하는 거야. 네가 부족해서가 아니라 네가 탁월해서 그런 거란다."

정말 이보다 더 훌륭한 칭찬과 격려가 있을까요? 그의 어머니는 그의 단점을 멋진 장점으로 표현해주었습니다. 그리고 이 말을 통해 자존감이 회복된 잭 웰치는 정말로 훌륭한 인물로 성장하게 되었습니다.

이처럼 격려와 칭찬의 말 한마디는 사람을 살립니다. 반대로 지적과 정죄의 말은 사람을 죽일 수도 있습니다. 저는 목회 초창기에는 성도들의 잘못된 신앙생활을 지적하고 정죄하는 설교를 많이 했습니다. 그러다 성경을 읽던 중에 예수님은 칭찬과 격려의 말을 통해 사람들에게 희망을 심어주셨다는 것을 깨달았습니다. 그래서 저 또한 예수님의 언어로 설교를 하기 시작했습니다. 그러자 성도들은 제 설교를 통해 힘을 얻고 용기를 얻게 되었습니다. 그리고 그들의 삶은 실제로 칭찬할 만한 것으로 변화하기 시작했습니다.

이처럼 칭찬의 말은 상대방의 삶까지도 변화시키는 놀라운 힘을 가지고 있습니다. 그런데 우리들은 보통 칭찬과 격려에 인색합니다. 뿐만 아니라 남이 자신보다 잘 되는 것을 보지 못하는 사람들도 꽤 많습니다. 그래서 우리 속담에는 '사촌이 땅을 사면 배가 아프다'라는 말까지 있습니다. 그런 습성이 하나님의 자녀인 우리에게도 남아 있습니다. 그래서 다른 성도가 좋은 차나 좋은 집을 샀다고 하면 배 아파하고 하나님께 불평을 늘어놓기도 합니다. 다른 사람이 잘 하는 일이나 잘 되는 것을 진심으로 칭찬하고 축하하지 못하고, 저주하고 불평하는 말을 하는 경우가 많습니다.

사울 왕은 남을 칭찬하지 못하는 대표적인 인물이었습니다. 다윗이 골리앗을 물리치고 블레셋을 초토화시키자 많은 사람들이 다윗을 칭송하였습니다. 게다가 사람들이 "사울이 죽인 자는 천천이요 다윗은 만만이로다."라고 외치자 사울 왕은 자존심이 상했습니다. 다윗은 자신의 편이고, 왕인 자신과 나라를 위해 블레셋과 싸우고 돌아온 사람이었음에도 불구하고 칭찬은커녕 오히려 그를 미워하였습니다. 그의 질투는 다윗을 죽이고자 하는 마음에까지 이르렀습니다. 결국 칭찬과 격려 대신 시기와 질투로 얼룩진 사울은 자기 자신을 파멸로 치닫게 했고, 다른 사람까지도 괴롭히는 결과를 가져왔습니다.

반대로 사울의 아들 요나단은 다윗을 사랑하고 그를 아버지 사울의 공격으로부터 안전하게 지켜주기까지 합니다. 본래 그는 사울의 대를 이어 왕이 될 사람이었습니다. 그렇다면 사람들의 칭송을 받는 다윗을 라이벌로 생각해야 하고, 다윗을 질투해야 하는 것은 요나단이었습니다. 그러나 그는 다윗을 인정하고 격려합니다. 어떻게 이러한 것이 가능했을까요? 요나단은 자신의 인간적인 욕심보다는 하나님의 계획을 볼 수 있었기 때문입니다. 그래서 시기와 질투가 아닌 사랑으로 다윗을 진심으로 응원해주었습니다.

지금 당신은 사울과 같은 사람입니까? 아니면 요나단과 같은 사람입니까? 사울과 같이 남을 칭찬할 줄 모르는 사람은 자신뿐 아니라 다른 사람의 인생까지 망칠 수 있습니다.

칭찬은 관심과 사랑에서 시작한다

우리는 모두 요나단과 같은 마음을 품고 상대를 칭찬할 줄 알아야 합니다. 혹여나 상대가 실수를 하고 잘못을 했다 하더라도 감싸줄 수 있어야 합니다. 그 사람의 단점이 너무 크게 보인다 할지라도 하나님이 우리를 바라보시는 사랑의 눈으로 새롭게 해석해야 합니다. 넘어져 있는 사람에게 필요한 것은 넘어지지 않는 방법을 말해주는 것이 아니라, 일으켜 세워주는 것입니다. 칭찬과 격려는 그 역할을 대신해 줍니다.

상대의 단점은 너무나 잘 보이는데 장점은 잘 보이지 않아 칭찬할 것이 없다면 그것은 사랑이 없기 때문입니다. 하나님은 우리에게 "서로 사랑하라."라는 지상 명령을 주셨습니다. 우리가 사랑할만한 사람만 사랑하는 것이 아니라, 모두에게 사랑을 나누어야 하는 것입니다. 다시 말해, 모두를 사랑의 눈으로 바라보고 그들의 장점을 찾아 칭찬해야 하는 것입니다. 사랑하는 사람은 뭐든지 좋아 보입니다. 사랑은 허다한 죄를 덮는다고 말씀하신 것처럼 사랑하면 죄까지도 덮어버릴 수 있습니다.

예수님이 제자들에게 끊임없이 칭찬과 격려의 말을 하실 수 있었던 것은 제자들을 사랑하셨기 때문입니다. 하나님은 지금도 우리를 사랑하시기 때문에 우리의 장점과 잠재력에 주목하십니다. 우리의 약점을 모르시는 게 아닙니다. 보이지 않는 것이 아닙니다. 그러나 사랑하시기 때문에 우리의 약점에 주목하지 않고, 오히려 감싸주십니다. 반대로 마귀는 어떻게든 우리의 약점을 들추어내서 넘어뜨리려 합니다.

　우리가 다른 사람들의 약점에 주목하고 있다면 그것은 마귀의 시각이라 할 수 있습니다. 하지만 다른 사람들의 장점에 주목하고 있다면 하나님의 시각을 갖고 있는 사람이라 할 수 있습니다. 그러므로 우리는 항상 하나님의 시각을 갖고 상대를 바라보며 그들에게 축복의 언어를 사용할 수 있어야 합니다. 나아가 이웃을 위해 축복 기도와 중보 기도를 해야 합니다. 이것은 영적인 칭찬과 격려입니다. 예수님은 사람들이 무시하는 어린이는 물론 세리와 창기, 이방인과 죄인들까지도 만나서 축복하셨고 격려해주셨습니다. 또한 제자들을 위해서, 다른 사람들을 위해서, 심지어 자신을 적대하는 원수들을 위해서도 중보 기도를 하셨습니다. 예수님을 좇아 육신이나 영으로나 칭찬과 격려를 하는 사람이 되십시오. 하나님의 자녀라는 신분에 걸맞은 언어를 사용하여 사람들에게 꿈과 희망을 주는 예수님의 사명을 감당하시기 바랍니다.

삶으로 떠나는 질문

✱ 상대방의 장점을 쉽게 찾아내는 당신만의 방법이 있다면 구체적으로 무엇입니까?

....
....
....

✱ 당신의 언어가 칭찬과 격려, 축복과 중보 기도로 채워져 있는지 다시 한번 생각해봅시다.

....
....
....

기도

하나님 아버지, 우리의 입술을 통해
긍정의 자화상을 갖는 사람이 늘어나게 하옵소서.
남을 축복하고 칭찬함으로써
다른 사람을 일으키고 살릴 수 있게 하옵소서.
이렇게 칭찬하고 격려하는 말을 통해
상대방을 하나님이 주시는 평안의 길로 안내하는
축복의 통로가 되게 하옵소서.
예수님의 이름으로 기도합니다. 아멘.

17일 감사는 기적을 낳습니다

찬송가 528장 (새 471장)
주여 나의 병든 몸을

1. 주여 나의 병든 몸을 지금 고쳐주소서 모든 병을 고쳐주마 주 약속하셨네 내가 지금 굳게 믿고 주님 앞에 구하오니 주여 크신 권능으로 곧 고쳐주소서
2. 주여 당신 뜻이라면 나를 고쳐주소서 머리 위에 기름 붓고 주 앞에 엎드려 모든 것을 다 바치고 간구하는 나의 몸을 지금 주의 약속대로 곧 고쳐주소서
3. 주를 위해 살겠으니 나를 고쳐 주소서 내게 속한 모든 것은 다 주의 것이니 성령이여 강림하사 능력 있는 손을 펴서 나의 몸을 어루만져 곧 고쳐주소서
4. 나의 병을 고쳐 주심 내가 믿사옵니다 지금부터 영원토록 주 찬송하겠네 나를 구원하신 말씀 어디든지 전하오리 나의 병을 고쳐주심 참 감사합니다 아멘

본문 말씀 요한복음 11장 23~44절

외울 말씀 시편 50편 23절

감사로 제사를 드리는 자가 나를 영화롭게 하나니
그의 행위를 옳게 하는 자에게 내가 하나님의 구원을 보이리라

| 오늘의 기도 주제 |

· 어떠한 상황에서도 감사할 줄 아는 사람이 되도록 기도합시다.
· 환경을 바라보지 말고 그 환경을 역전시키는 하나님을 바라볼 수 있도록 기도합시다.

> 감사하는 마음은 가장 고귀한 미덕일 뿐만 아니라,
> 모든 미덕의 아버지이다.
> – 키케로

요즘 사람들은 3불(不)의 악순환에 살고 있습니다. 먼저 사람들은 다른 사람을 쉽게 믿지 못합니다. 세상이 각박하여 타인에 대한 믿음이 사라졌기 때문입니다. 그래서 항상 의심하고 두려워합니다. 그러면서 세상에 믿을 사람 하나 없다고 불평을 늘어놓습니다. 그 불평들은 또 다른 불신을 낳고, 마음은 더 불안해집니다. 이렇게 불신(不信), 불안(不安), 불평(不平)의 악순환을 겪게 되는 것입니다.

하나님께서는 '항상 기뻐하라 쉬지 말고 기도하라 범사에 감사하라(살전 5:16~18).' 라는 말씀을 통해 세상의 악순환을 잠재우고 신앙의 선순환을 이룰 수 있는 비결을 가르쳐 주셨습니다. 이 비법을 삶에 적용하기 위해 가장 먼저 감사하는 삶을 살아야 합니다. 세상의 모든 것을 감사로 받아들이게 되면, 마음에 기쁨이 넘치게 됩니다. 나아가 감사와 기쁨을 아뢰는 기도를 할 때, 모든 문제는 해결됩니다.

그래서 저는 문제가 산더미같이 쌓여 있을 때, 먼저 감사 기도를 합니다. 어떤 상황에서건 하나님이 역사하실 것을 믿으며 지금 이 상황도 궁극적으로 '합하여 선'을 이루게 하실 하나님에 대한 감사인 것입니다. 그래서 좋지 못한 환경 가운데서도 기쁨의 웃음이 입가에 머무는 경우가 많습니다. 이로 인해 생기는 기쁨을 맛보면 더욱 하나님을 찾는 기도를 하게 되고, 또 기도하면 할수록 감사가 넘치게 됩니다. 이 감사에 기초한 기쁨은 세상이 알 수도 없고, 줄 수도 없으며, 빼앗아 갈 수도 없는 것입니다. 이렇게 하나님 사랑의 참 맛을 깨달은 사람은 감사하고 기뻐하고 기도하는 신앙의 선순환 속에 살아가게 됩니다.

기적의 언어 '감사'

많은 사람들이 주어진 환경에 집중합니다. 그래서 환경이 바뀜에 따라서 감사하기도 하고 불평하기도 합니다. 몸이 건강할 때는 감사하고, 몸이 아플 때는 불평합니다. 돈이 많을 때는 감사하고, 돈이 궁핍할 때는 불평합니다. 일이 잘 풀릴 때는 감사하고, 일이 꼬여만 갈 때는 불평합니다. 진급할 때는 감사하고 진급에 떨어질 때는 불평합니다. 그러나 진정한 감사는 주어진 것에 집중하는 것이 아니라 주신 분에게 집중할 때 가능합니다. 그러한 감사는 우리 삶에 기적을 가져다줍니다. 상황을 뛰어 넘어 진정한 감사와 기쁨이 넘쳐나는 삶을 살게 되는 것입니다.

몸에 55%의 화상을 입은 이지선 자매가 감사할 수 있었던 것은 화상 부위를 바라본 것이 아니라 보존 되어진 생명과 다치지 않은 살을 보았기 때문입니다. 주어진 것에 주목했지 결핍에 주목하지 않았습니다. 나아가 자신에게 생명 주신 하나님께 초점을 맞췄기 때문에 감사할 수 있었습니다. 그리고 그 감사는 많은 이들에게 소망을 주고 하나님의 살아계심을 증거 하는 기적을 이루게 되었습니다.

우리 삶을 하나님이 항상 보호하고 계신다는 사실을 안다면 어느 순간에도 불평할 수 없습니다. 전능하신 하나님의 계획 아래 있다는 확신이 생긴다면 어떠한 조건에서건 그분을 신뢰하고 감사할 수 있는 것입니다. 어떠한 위기에서도 전진할 수 있으며, 그 어떤 절망에서도 도전할 수 있습니다.

상황과 조건에 얽매이지 말고 하나님의 능력을 바라보면서 감사하십시오. 하박국 3장 17, 18절을 보면 '비록 무화과나무가 무성하지 못하며 포도나무에 열매가 없으며 감람나무에 소출이 없으며 밭에 먹을 것이 없으며 우리에

양이 없으며 외양간에 소가 없을지라도 나는 여호와로 말미암아 즐거워하며 나의 구원의 하나님으로 말미암아 기뻐하리로다.'라는 고백이 있습니다. 본래 하박국은 불평, 불만으로 가득한 사람이었습니다. 그러나 하나님을 만나고 나서 하나님의 참 사랑을 조금이나마 깨닫게 되자, 환경과 조건을 초월해서 하나님께 감사와 기쁨의 고백을 하게 된 것입니다.

상황과 조건을 바꾸실 능력이 있으시고 그 능력을 우리에게 기꺼이 베푸실 하나님을 바라보며 감사하는 사람은 이미 기적을 체험한 사람입니다. 감사는 하나님을 인정하는 것입니다. 감사는 하나님을 고백하는 것입니다. 감사는 하나님을 자랑하는 것입니다. 또 감사에는 이미 하나님과 함께한다는 고백이 담겨 있습니다. 감사는 하나님을 움직이는 열쇠입니다. 이제 환경에 의한 감사가 아닌 하나님으로 인한 감사로 삶을 가득 채우십시오. 그러면 하나님의 기적이 우리의 인생을 가득 메우게 될 것입니다.

삶으로 떠나는 질문

✶ 감사로 시작하는 하루가 되기 위해 당신이 고백할 수 있는 감사에는 어떤 것들이 있습니까?

....

....

....

✶ 당신은 하나님께 감사의 표현을 얼마나, 또 어떻게 하고 있습니까?

....

....

....

기도

하나님 아버지, 우리에게 닥치는 어떠한 일에도
하나님의 뜻이 있음을 생각하며 감사하게 하옵소서.
작은 일에 불평, 불만하며 하나님의 영광을
가리지 말게 하옵소서.
결핍된 것보다는 주어진 것에 감사하고,
또 주어진 것보다는 주신 하나님께 감사하며 사는
인생이 되게 하옵소서.
예수님의 이름으로 기도합니다. 아멘.

18일 자신을 축복하십시오

찬송가 488장 (새 428장)

내 영혼에 햇빛 비치니

1. 내 영혼에 햇빛 비치니 주 영광 찬란해 이 세상 어떤 빛보다 이 빛 더 빛나네
2. 내 영혼에 노래 있으니 주 찬양합니다 주 귀를 기울이시사 다 듣고 계시네
3. 내 영혼에 봄날 되어서 주 함께 하실 때 그 평화 내게 깃들고 주 은혜 꽃피네
4. 내 영혼에 희락이 있고 큰 소망 넘치네 주 예수 복을 주시고 또 내려 주시네

[후렴] 주의 영광 빛난 그 빛 내게 비춰 주시옵소서 그 밝은 얼굴 뵈올 때 나의 영혼 기쁘다

본문 말씀 역대상 4장 9~10절

외울 말씀 창세기 12장 3절

너를 축복하는 자에게는 내가 복을 내리고
너를 저주하는 자에게는 내가 저주하리니
땅의 모든 족속이 너로 말미암아 복을 얻을 것이라 하신지라

| 오늘의 기도 주제 |

· 하나님의 존귀한 창조물인 나 자신을 축복하는 성도가 되도록 기도합시다.
· 자신을 축복함으로써 우리 안에 쓴 뿌리가 제거되게 해달라고 기도합시다.

> 채우는 것은 하나님께서 채우시되,
> 입술을 여는 것은 우리의 몫이다.
> – 4차원의 영성

사람들은 간장이 짜기 때문에 썩지 않는다고 생각합니다. 그러나 제대로 보관하지 않고 방치하면 간장도 썩습니다. 그렇지만 보관만 잘 하면 간장은 와인과 같이 시간이 지날수록 그 가치가 배가 됩니다. 얼마 전 TV에서 캔 음료수 정도의 간장이 500만 원을 호가하는 것을 보았습니다. 200년이나 묵은 것이라고 했습니다. 그 정도의 간장은 약처럼 사용할 수 있다고 합니다. 이와 같이 같은 간장이라도 제대로 관리하지 않으면 썩어 버리지만 잘 관리하면 제대로 숙성되어서 가치를 높이고 약효까지 낼 수 있습니다.

인생도 마찬가지입니다. 인생을 잘 관리하지 않고 육신의 정욕이 좇는 대로 방치하면 조금씩 상해서 마침내 썩은 인생이 되고, 결국에 버림받는 인생으로 전락하게 됩니다. 반대로 인생을 잘 관리하고 숙성시키면 가치 있는 인생, 남을 돕는 의미 있는 인생으로 살아갈 수 있습니다. 하나님께서는 우리 인생이 썩어서 버림받는 인생이 되길 원치 않으십니다. 우리 모두가 보다 가치 있고 의미 있는 인생으로 살아가길 원하십니다. 그런데 하나님의 뜻대로 가치 있는 인생을 살기 위해서는 먼저 스스로를 축복할 수 있어야 합니다.

고통거리 인생에서 자랑거리 인생으로

역대상 4장의 족보에서 야베스라는 사람이 나오면서 그의 인생에 대한 설명이 비교적 자세히 나옵니다. '야베스'라는 말은 고통, 괴로움이라는 의미를 가지고 있습니다. 이렇게 안 좋은 뜻의 이름이 지어진 이유는 어머니 산고의 고통이 죽을 만큼 심했기 때문입니다. 자녀의 이름은 보통 아버지가 지어주는 것이 관례인데, 이러한 관습까지 깨면서 어머니가 자기 자식의 이름을 '고통'이라 지은 것을 보면 해산의 고통이 매우 심했음을 알 수 있습니다. 그러나 당사자의 입장에서 보면 분명 억울한 일입니다. 사람들이 자신을 '고통아!' 혹은 '괴로움아!' 라고 부른다면 얼마나 괴롭겠습니까?

당연히 이런 이름을 가진 '야베스'는 자존감이 많이 떨어졌을 것입니다. 왜냐하면 자신의 이름이 불릴 때마다 다른 사람에게 고통을 주는 존재, 그것도 나를 사랑하고 내가 사랑하는 어머니에게 괴로움을 준 존재라는 생각이 들기 때문입니다. 그러나 야베스는 그렇게 자신의 인생을 방치하지 않았습니다. 자신을 관리하기 시작했습니다. 먼저 야베스는 자신이 어머니에게 큰 고통을 주면서까지 태어난 목적이 있을 거라는 생각을 합니다. 그토록 험난한 과정을 거치면서 이 땅에 태어나게 하신 하나님의 뜻을 기대하는 것입니다. 그리고 비록 태어날 때는 다른 사람에게 고통을 주었지만 이제부터는 고통이 아닌 기쁨을 주고, 도움을 주는 인생이 되고자 하는 꿈을 꾸게 됩니다.

그래서 그는 하나님께 기도를 드립니다. 복에 복을 더해 달라는 기도를 합니다. 이는 자신의 인생을 바꿔주실 수 있는 분은 오직 하나님밖에 없음을 인정하고 신뢰하는 기도입니다.

우리가 주목해야 할 야베스의 기도는 크게 두 가지로 나뉩니다. 첫째는 자신의 지경을 넓혀 달라는 것이고, 둘째는 모든 환란을 면케 해달라는 것이었습니다. 자신의 지경을 넓혀달라는 것은 자신의 영향력을 넓혀달라는 것입니다. 그가 태어났을 때에는 비록 남에게 좋지 않은 영향을 미쳤지만, 이제는 선한 영향력을 널리 끼치게 해달라는 것입니다. 그는 자신이 축복 받는 기쁨에 그치는 것이 아니라 그것이 흘러넘쳐 주위에 선한 영향력을 끼치기를 기대하고 있었습니다. 게다가 자신의 선한 영향력이 지엽적인 것이 아니라 확장에 확장을 거듭하여 엄청난 넓이까지 확대되기를 구하였습니다. 그가 둘째로 구한 기도는 환란을 극복하기 위해 주의 손길을 구하는 기도였습니다. 그는 자신에게 닥치는 모든 문제를 하나님의 방식과 하나님의 힘으로 해결코자 했습니다. 그만큼 하나님을 신뢰하고 의지했다는 것을 알 수 있습니다. 하나님의 능력을 의지하는 사람은 실패하거나 좌절하지 않습니다. 그의 등 뒤에는 전능하신 하나님이 함께하시기에 언제나 승리할 수 있는 것입니다.

이렇게 자신을 축복하는 기도를 한 야베스는 구하는 모든 것을 다 하나님께 허락받았습니다. 비록 그의 이름은 '고통'이었지만, 야베스는 자신의 이름을 뛰어넘어 하나님께 복 받는 자녀로서의 삶을 살았습니다.

선한 영향력을 끼치는 인생의 비결

어떤 이들은 자신을 축복하는 것이 이기적이고 저급한 기도라고 생각합니다. 다른 이들을 축복하고 중보 하는 것만이 더 높은 차원의 기도라고 여깁니다. 하지만 음식도 맛을 본 사람만이 그 맛을 전할 수 있습니다. 하나님의 사랑도 마찬가지입니다. 하나님의 축복을 받아본 사람만이 다른 사람에게 그 축복을 전할 수 있습니다. 자신이 차고 넘치게 받은 축복을 흘려보낼 수 있는 것입니다. 그렇지 않고 자신의 삶이 피폐하고 메말라 있다면 결코 다른 사람도 축복할 수 없습니다. 자기 문제를 놓고 응답받아 본 사람이라야 비로소 귀한 은혜와 하나님의 사랑을 다른 사람들과 나눌 수 있는 것입니다.

혹시 지금 자기 스스로를 비하하고 있지는 않습니까? 스스로 '나는 할 수 없다.'라고 말하고 있지 않습니까? 모든 패배의식과 열등감은 마귀가 주는 생각입니다. 자신의 축복을 막는 부정적인 평가나 말들을 제거하십시오. 나를 향한 악성 댓글을 삭제하십시오. 그리고 진정한 축복을 주실 하나님께 기도하십시오. 그러면 하나님께서 참되고 충만한 복을 주실 것입니다. 그렇게 받은 축복을 다른 사람에게 흘려보내야 합니다. 이것이 복에 복을 더하는 인생을 사는 비결입니다.

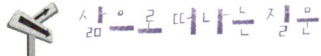 삶으로 떠나는 질문

✱ 당신은 주위 사람들에게 어떠한 영향력을 미치는 사람입니까?

✱ 당신이 받은 복을 다른 사람들에게 흘려보내기 위해 어떠한 노력을 하고 있습니까?

 기도

하나님 아버지, 우리는 그 누구보다도 위대하신
하나님의 고귀한 창조물임을 믿습니다.
세상 사람들이 보기에는 부족하고 실수투성이인 우리도
하나님 안에서는 그 누구보다도 소중한 자녀임을 믿습니다.
귀한 하나님의 자녀 되게 해주심을 감사합니다.
예수님의 이름으로 기도합니다. 아멘.

6장
삶 속에서의 훈련

우리의 신념은 언제나 꺼지지 않는 등불 같은 존재여야 한다
그것은 우리에게 빛을 줄 뿐 아니라 주위까지 밝게 비춰 준다
- 간디

19일 기도는 삶의 예방주사입니다

찬송가 480장 (새 361장)

기도하는 이 시간

1. 기도하는 이 시간 주께 무릎 꿇고 우리 구세주 앞에 다 나오닙니다 믿음으로 나가면 주가 보살피사
2. 기도하는 이 시간 주가 곁에 오사 인자하신 얼굴로 귀 기울이네 우리 자신 버리고 그 발 아래 꿇면
3. 기도하는 이 시간 주께 엎디어서 은밀하게 구할 때 곧 응답받네 잘못된 것 아뢰면 측은히 여기사
4. 기도하는 이 시간 주를 의지하고 크신 은혜 구하면 꼭 받으리라 의지하는 마음에 근심 사라지리

[후렴] 크신 은사를 주네 거기 기쁨 있네 기도 시간에 복을 주시네 곤한 내 마음 속에 기쁨 충만하네

본문 말씀 사무엘상 23장 1~14절

외울 말씀 디모데전서 4장 8절

육체의 연단은 인간에게 유익이 있으나 경건은 범사에 유익하니 금생과 내생에 약속이 있느니라

| 오늘의 기도 주제 |

· 하나님과 깊이 교통할 수 있는 기도를 하게 해달라고 기도합시다.
· 기도를 통해 환경이 아닌 내가 먼저 변화될 수 있도록 기도합시다.

생애의 깊은 비밀은 하나님에 대해 이야기하는 것이 아니요,
그와 직접 대화하는 것이다.
– 트루 블러드

　　　　예전에 홍콩의 한 항구에서 '기도란 바로 이런 것이구나!' 라는 것을 깨달은 적이 있습니다. 저는 우연히 들르게 된 항구에서 정박하고 있는 배를 보았습니다. 배가 항구에 가까이 다가가자 선원들이 갑판에 있는 밧줄을 항구로 던져 쇠말뚝에 줄을 매고는 밧줄을 잡아당겼습니다. 그러자 항구가 배 있는 쪽으로 끌려가는 것처럼 보이면서 둘 사이는 점점 가까워졌습니다. 물론 실제로는 배가 항구 쪽으로 끌려가는 것이었습니다.

　기도는 이와 같습니다. 배가 항구 쪽으로 끌려가듯이 기도는 우리가 하나님께로 끌려가는 것이지 하나님을 내게로 오게 만드는 것이 아닙니다. 그런데 많은 사람들이 기도를 자신의 뜻과 의지를 관철시키기 위한 도구로 생각합니다. 하지만 기도는 하나님의 뜻과 의지가 내게로 들어오는 것입니다. 내가 하나님을 이끌고 가는 것이 아니라 하나님께서 나를 이끌고 가는 것이 바른 기도입니다. 만약 내가 주

인 되어서 하나님을 이끌고 가려하거나 종 부리듯 한다면 그것은 올바른 신앙이라 할 수 없습니다. 우리가 하나님께 드리는 기도는 많이 하면 할수록 상황이나 조건이 좋아지고, 축복이 쏟아지고 출세 길이 열리는 것이 아닙니다. 어떠한 조건에도 감사할 수 있는 사람으로 스스로가 변화되는 것입니다.

기도는 삶을 강력하게 만들어준다

이렇게 기도를 통해 변화된 삶은 매우 강력한 힘을 갖습니다. 기도는 우리 삶에 침투하는 병균 같은 문제들을 하나둘씩 제거해 줍니다. 이로써 우리는 건강한 자아상을 갖게 되고, 쉽게 낙심하거나 절망치 않는 건강한 인생을 살게 됩니다. 기도는 우리 인생을 하나님과 든든히 묶어줍니다. 그래서 기도하는 삶은 언제나 승리하며 감사할 수 있는 것입니다.

이처럼 기도는 삶의 모든 문제를 해결하고, 또 예방해주기 때문에 신앙생활에 있어서 결코 소홀히 해서는 안 되는 영역입니다. 그런 의미에서 기도는 삶의 예방주사라고 해도 과언이 아닐 것입니다. 영적인 근육을 단련시키고 건강한 신앙을 유지시켜 마귀가 우리 삶에 투입시키는 온갖 바

이러스들을 막아줍니다. 그럼에도 불구하고 많은 그리스도인들이 기도를 쉬는 죄를 범하는 경우가 굉장히 많습니다. 바쁘다는 이유로, 피곤하다는 이유로 혹은 어느 정도 하고는 스스로 만족한 채 기도를 멈추는 경우가 많습니다.

그러나 실제로 우리는 하루도 하나님의 은혜 없이는 살 수 없는 연약한 존재입니다. 그래서 항상 기도를 통해 하나님의 도우심을 구해야 합니다. 뿐만 아니라 세상에서는 끊임없이 사탄과의 영적 싸움이 벌어지고 있습니다. 그 악령들은 우리의 약점을 집요하게 파고들고, 공세를 늦추지 않습니다. 그래서 그리스도인들이 실족하고 시험에 드는 일들이 빈번히 일어납니다. 우리는 영적으로 무장하여 이 싸움에서 이겨야만 합니다. 그 방법이 바로 기도를 통해 날마다 하나님의 도우심을 구하는 것입니다. 내 능력으로는 도저히 이길 수 없지만 예수님과 함께 나가면 이길 수 있습니다. 일어서서 내 힘으로 싸우면 질 수밖에 없지만 무릎 꿇고 하나님과 한 편이 되어 싸우면 백전백승입니다. 지고 싶어도 질 수가 없습니다.

이와 같이 신앙생활에 있어서 기도는 매우 중요한 요소입니다. 예수님은 제자들에게 "시험에 들지 않게 깨어 기도하라 마음에는 원이로되 육신이 약하도다(마 26:41)."라고 말씀하십니다. 그만큼 인간은 연약한 존재입니다. 하나님도 이 사실을 아셨습니다. 그래서 너희 능력으로 살려고 하지 말고 기도를 통해 내 능력으로 살라고 말씀하시는 것입니다.

하나님의 뜻을 묻는 기도를 하라

사람들은 다른 사람의 마음을 얻기 위해 또 그들의 마음을 알기 위해 많은 노력을 합니다. 그런데 과연 인생의 주인 되시는 하나님의 마음을 알기 위해서는 얼마나 노력을 할까요? 많은 사람들이 세상 지식과 상식에 귀를 기울이느라, 하나님의 뜻을 알지 못하고 살아갑니다. 그러다 보니 어떤 일을 결정하는데 있어서도 하나님 뜻이 먼저가 아니라, 자기 뜻과 자기 생각이 먼저입니다. 또는 전문가의 말을 따르거나 유행을 좇아 삶의 방식을 정하기도 합니다. 하지만 하나님을 주인으로 모시고 있는 우리는 기도를 통해 하나님의 의중을 물어야 합니다. 기도를 통해서 나를 나보다 더 잘 알고, 나를 가장 복되게 하실 하나님의 뜻을 물어야 하는 것입니다.

다윗은 기쁘고 즐거울 때 하나님께 찬송했고, 괴롭고 힘들 때 하나님께 부르짖었습니다. 무엇이든지 하나님께 먼저 상의했고, 무엇을 행하든지 하나님의 뜻을 물었습니다. 사무엘상 23장 2절을 보면 다윗은 블레셋을 공격하기 전에 하나님의 의중을 묻습니다. '이에 다윗이 여호와께 묻자와 이르되 내가 가서 이 블레셋 사람들을 치리이까 여호와께서 다윗에게 이르시되 가서 블레셋 사람들을 치고 그일라를 구원하라 하시니.' 또 4절에서도 다시 묻습니다. '다윗이 여호와께 다시 묻자온대 여호와께서 대답하여 이르시되 일어나 그일라로 내려가라 내가 블레셋 사람들을 네 손에 넘기리라 하신지라.'

다윗은 왕으로서 무슨 일을 행할 때 하나님께 물어보면서 움직였습니다. 그러한 다윗에게 하나님은 친절히 대답해주셨습니다. 우리도 하나님의 뜻을 묻는 기도를 해야 합니다. 하나님의 계획을 아는 것을 넘어서 그 계획들을 이루기 위한 방법도 묻고, 오늘 내게 생긴 문제를 어떻게 해결해 나가야 하는 지도 물어야 합니다.

그런데도 많은 사람들이 기도 시간에 하나님께 자신의 뜻을 말하기에 바쁩니다. 여호수아 7장에서 이스라엘 민족이 아이성과의 전투에서 패배한 것과 9장에서 기브온 사절단에게 속는 모습을 보면, 한 가지 공통점을 찾을 수 있습니다. 그들은 그 일들을 행할 때 하나님께 묻지 않았습니다. 하나님께 묻지 않고 행하는 일은 곧 결정적인 실수와 실패로 이어집니다. 스스로 아무리 잘 준비한다 하더라도 하나님의 뜻이 그곳에 있지 않으면 패배하고 마는 것입니다.

그러므로 특정한 때, 혹은 문제가 생겼을 때만 기도하는 것이 아니라, 항상 기도해야 합니다. 무슨 일을 행하든 하나님께 묻고, 하나님의 대답에 순종하는 삶을 살아야 합니다. 그때 마귀의 어떠한 공격도 이겨낼 힘이 길러지게 됩니다. 기도를 통해 영적인 근육을 단련하고 영적인 건강을 유지하는 삶을 사시기 바랍니다.

삶으로 떠나는 질문

✻ 영적 건강을 유지하기 위해 당신은 어떻게 기도하고 있습니까?

....

....

....

✻ 당신이 기도 생활을 통해 얻는 유익이 있다면 구체적으로 무엇입니까?

....

....

....

기도

하나님 아버지, 우리의 기도에 항상
귀 기울여 주시니 감사합니다.
우리가 삶 가운데서 어떠한 시련과 고난이
닥친다 하더라도 하나님과 매일 나누는 기도를 통해
넉넉히 이기게 해주실 것을 믿습니다.
기도를 통해 매일 매일 회복시켜 주시고
능력주시는 하나님을 믿고 의지합니다.
예수님의 이름으로 기도합니다. 아멘.

말씀은 하나님의 생각과 뜻입니다

찬송가 506장 (새 453장)

예수 더 알기 원함은

1. 예수 더 알기 원함은 크고도 넓은 은혜와 대속해 주신 사랑을 간절히 알기 원하네
2. 성령이 스승 되셔서 진리를 가르치시고 거룩한 뜻을 깨달아 예수를 알게 하소서
3. 성령의 감화 받아서 하나님 말씀 배우니 그 말씀 한절 한절이 내맘에 교훈 되도다
4. 예수가 계신 보좌는 영광에 둘려 있도다 평화의 왕이 오시니 그 나라 왕성하도다

[후렴] 내 평생의 소원 내 평생의 소원 대속해 주신 사랑을 간절히 알기 원하네

본문 말씀 시편 119편 89~105절

외울 말씀 여호수아 1장 8절

이 율법책을 네 입에서 떠나지 말게 하며
주야로 그것을 묵상하여 그 안에 기록된 대로 다 지켜 행하라
그리하면 네 길이 평탄하게 될 것이며 네가 형통하리라

| 오늘의 기도 주제 |

· 성경 말씀을 통해 하나님의 생각과 뜻을 알게 해달라고 기도합시다.
· 어떤 일을 결정하는 데 있어 항상 하나님의 뜻을 먼저 묻는 성도가 될 수 있도록 기도합시다.

> 말씀 묵상을 통해 하나님의 생각을 닮도록 해야 한다.
> – 4차원의 영성

한 소년이 주일학교에서 성경을 싸게 판다는 말에 자신도 이번 기회에 성경을 구입해야겠다고 마음먹었습니다. 소년이 모아둔 돈은 37센트였고, 어느 정도 싸게 파는 것이기에 이 돈이면 충분히 살 수 있을 거라고 믿었습니다. 그런데 성경은 2달러 75센트에 판매되고 있었습니다. 소년이 가진 돈으로는 성경을 살 수 없었습니다. 그렇지만 다행히 그 돈을 천천히 갚기로 약속하고 성경을 살 수 있었습니다. 그 후 소년은 열심히 돈을 벌어 성경책 값을 갚아나갔습니다. 벽돌공인 아버지를 따라 벽돌 100개를 뒤집으면 2센트를 받는 아르바이트를 1년 6개월 동안 하면서 돈을 모았습니다. 그리고 성경책 값을 전부 갚았습니다.

그 소년이 바로 백화점의 왕 존 워너메이커입니다. 존 워너메이커는 성공한 후에 한 인터뷰에서 이런 질문을 받게 되었습니다. "지금까지 투자하신 것 중에서 가장 성공적인 것은 무엇입니까?" 이 질문에 그는 "제 인생에서 최대의 투자는 10살 때 구입한 성경입니다. 그 성경이 오늘의 저를 만들었습니다."라고 대답했습니다. 소년 시절 그는 성경책을 살 돈이 없어 아르바이트를 해야 할 정도로 가난했지만, 훗날 백화점의 왕이라고 불릴 정도로 큰 성공을 하게 되었습니다. 그런 그가 자신의 성공 비결로 성경책을 꼽은 것입니다. 존 워너메이커뿐 아니라 많은 사람들이 성경을 통해 예수님을 만나고 인생의 변화를 체험합니다. 그렇다면 성경에는 어떠한 진리가 담겨 있기에 이처럼 사람들의 인생을 변화시키게 되는 것일까요?

형통의 원리 배우기

현대 사회에는 많은 전문가가 있습니다. 또 우리 인생을 상담해준다는 사람도 많습니다. 하지만 인생에 있어서 완벽한 전문가란 있을 수 없습니다. 인생에는 정답이 없고, 사람은 한 치 앞도 내다볼 수 없는 미약한 존재이기 때문입니다. 그런데 우리 인생의 유일한 전문가가 있습니다. 바로 우리를 창조하신 하나님이십니다. 우리를 지으셨을 뿐 아니라, 우리를 우리 자신보다 더 사랑하시고, 미래를 계획하시고, 위험에서 보호하시는 하나님은 인생의 모든 문제들을 기꺼이 상담해주십니다.

　그리고 성경을 선물로 주심으로써 우리가 나아가야 할 길을 분명히 가르쳐주고 계십니다. 우리는 성경을 통해서 어느 때고 하나님의 뜻과 길을 알 수 있습니다. 성경을 읽고 묵상할 때, 지치고 고된 삶에 위로와 회복을 맛볼 수 있고, 문제가 있는 삶은 해결책을 찾을 수 있습니다. 또 고난 가운데서도 감사할 줄 아는 마음을 갖게 됩니다. 이처럼 성경은 우리 삶을 하나님이 원하시는 방향으로 이끌어가는 길잡이가 되어줍니다.

　여호수아는 하나님의 말씀으로 백성을 이끈 대표적인 지도자입니다. 사실 모세의 뒤를 이어 이스라엘 민족을 이끌고 가나안 땅에 들어간다는 것은 매우 부담스럽고 두려운 일이었습니다. 그가 본 이스라엘 민족들은 조금만 힘들면 어김없이 불평을 토로하는 사람들이었습니다. 그런 백성들을 가나안 땅으로 인도해야 한다는 것은 참으로 어려운 일이었습니다. 그래서 하나님께서는 그러한 어려움을 극복하고 형통의 길로 백성들을 이끌 수 있는 비결을 가르쳐 주셨습니다. 바로 하나님이 주신 율법책을 주야로 묵상하라는 것입니다. 주야라는 것은 하루의 낮과 밤을 의미하기도 하지만, 인생의 즐거울 때와 슬플 때를 의미하기도 합니다.

쉽게 얘기해서 하나님의 말씀을 삶에서 떠나지 않게 하고, 항상 읽고 또 마음에 되새기라는 뜻입니다. 이러한 형통의 원리는 지금 우리 삶 속에서도 동일하게 적용됩니다. 하나님의 말씀이 우리 삶 속에 스며들어 있으면 시시때때로 다가오는 문제들을 해결할 수 있습니다. 이것이 바로 그리스도인이 범사에 잘 되고, 만사가 형통하게 되는 비결입니다. 그러므로 우리는 말씀으로 삶을 채우고, 실천을 통해 말씀을 증명해야 합니다.

그러나 많은 그리스도인들이 이러한 사실을 잘 모릅니다. 또 알아도 행하지 못합니다. 그 이유 중 하나가 너무 바쁘기 때문입니다. 요즘 사람들은 하루 24시간이 48시간이 되어도 항상 바쁘다고 합니다. 매일 매일 처리해야 할 업무와 만나야 할 사람이 너무도 많습니다. 그러다 보니 자연스럽게 말씀 묵상은 곧잘 빼먹게 됩니다. 그렇게 하루하루 미루다보면 말씀 묵상은 어느새 삶의 우선순위에서 저만치 밀려나 있게 됩니다. 그러나 그리스도인에게 있어 말씀은 일용할 양식과 마찬가지입니다. 아무리 바빠도 밥을 먹지 않는다면 곧 탈진해서 아무 일도 못하게 되는 것처럼 말씀을 듣지 않고 읽지 않으면 우리의 영혼은 곧 탈진하게 됩니다. 영혼의 건강을 잃어버린 사람의 삶은 하나님의 손에서 떠나게 되고, 인생의 방향과 목표 없이 살아가게 되는 것입니다.

어떤 두 나무꾼이 산에서 나무를 누가 더 많이 베나 경쟁을 했습니다. 두 사람은 경쟁에서 이기기 위해 최선을 다해 나무를 벴습니다. 그런데 한 나무꾼이 열심히 나무를 베고 있을 때, 다른 나무꾼은 중간 중간 휴식을 취했습니다. 열심히 일만하던 나무꾼은 당연히 자신이 이길 것이라 자신했습니다. 그러다 해가 지고 두 사람은 누가 더 많은 나무를 베었는지 확인해보았습니다. 그런데 예상외로 쉬엄쉬엄 일을 했던 나무꾼이 훨씬 많은 나무를 벤 것이었습니다. 열심히 일한 나무꾼은 허탈한 마음에 물었습니다. "자네, 중간에 그렇게 쉬면서도 어떻게 나보다 더 많은 나무를 벨 수 있었지?" 그의 대답은 이러했습니다.

"나는 쉬면서 힘을 충전할 뿐 아니라, 도끼날을 갈았다네."

이와 마찬가지로 인생도 무조건 열심히 사는 것이 능사는 아닙니다. 우리는 정답을 모르지만, 우리 인생의 정답을 아시는 분인 하나님의 방식대로 살 때 우리는 좀 더 가치 있는 삶을 살 수 있습니다. 도끼를 갈면서 휴식을 취했던 나무꾼처럼 우리도 삶 속에서 말씀을 묵상하며 인생의 연장을 다듬는 시간을 가져야 합니다. 아무리 바빠도 결코 빼놓아서는 안 되는 일이 바로 인생의 연장을 다듬는 일입니다. 그렇지 않으면 우리의 모든 수고는 헛수고로 돌아갈 수밖에 없습니다.

말씀은 우리의 인생을 올바른 방향으로 인도해줍니다. 이사야 55장 8, 9절은 '이는 내 생각이 너희의 생각과 다르며 내 길은 너희의 길과 다름이니라 여호와의 말씀이니라 이는 하늘이 땅보다 높음 같이 내 길은 너희의 길보다 높으며 내 생각은 너희의 생각보다 높음이니라.' 라고 전하고 있습니다. 이처럼 아무리 우리가 세상에서 인정받고, 배운 것이 많다고 자부한다 해도 하나님 앞에서는 비교도 안 될 만큼 작고 부족하며 연약한 존재입니다. 인간이 한 치 앞도 제대로 보지 못하는 존재인데 반해 하나님은 우리의 일거수일투족을 다 아시고, 나아가야 할 방향까지 미리 준비해두셨습니다.

말씀을 읽고, 듣고, 실천하라

여호수아는 하나님의 말씀을 열심히 듣고 묵상했을 뿐 아니라 삶에서 실천하였습니다. 그렇게 말씀과 함께한 여호수아는 가나안에 입성하여 연전연승을 하게 되었고, 가나안 땅에서 하나님이 예비하신 축복을 온전히 누릴 수 있었습니다.

　하나님은 우리에게도 말씀하십니다. '이 예언의 말씀을 읽는 자와 듣는 자와 그 가운데에 기록한 것을 지키는 자는 복이 있나니 때가 가까움이라(계 1:3).' 하나님의 말씀을 읽는 것, 그것을 듣는 것, 그리고 그 말씀을 지켜 행하는 것은 분명한 하나님의 뜻이고, 이를 행할 때 복된 삶을 살게 되는 것입니다. 이제 하나님의 뜻을 몰라 헤매지 마시고, 하나님의 생각을 몰라 방황하지 마십시오. 하나님께서는 친히 우리에게 성경을 선물로 주셨고, 성경 안에 우리 삶의 모든 비법과 원리가 담겨져 있습니다. 그 원리대로만 살면 하나님께 기쁨을 드릴 수 있고, 다른 사람들의 영혼을 살릴 수 있습니다. 이제 하나님의 진리가 담긴 성경을 우리의 손과 눈에서 떼지 마시고, 생각과 삶 가운데 항상 함께하여 형통의 복을 만끽하십시오.

삶으로 떠나는 질문

✱ 당신은 평상시에 하나님의 말씀을 접하기 위해 어떠한 노력들을 행하고 있습니까?

....
....
....

✱ 삶 가운데 하나님의 뜻이 아닌 당신의 뜻대로 행하고 있는 것이 있다면 무엇인지 되돌아봅시다.

....
....
....

기도

하나님 아버지, 말씀을 통해 하나님의 생각과 뜻을
알게 하여 주시옵소서.
우리의 생각과 우리의 뜻대로 사는 실수를
범하지 않게 하옵소서.
우리 안에서 우리는 점점 희미해지고,
하나님은 점점 뚜렷해지는 은혜를 체험하게 하옵소서.
예수님의 이름으로 기도합니다. 아멘.

21일 성령님과 동행하는 삶은 성공합니다

찬송가 427장 (새 191장)

내가 매일 기쁘게

1. 내가 매일 기쁘게 순례의 길 행함은 주의 팔이 나를 안보함이요
   내가 주의 큰 복을 받는 참된 비결은 주의 영이 함께함이라
2. 전에 죄에 빠져서 평안함이 없을 때 예수 십자가의 공로 힘입어
   그 발 아래 엎드려 참된 평화 얻음은 주의 영이 함께함이라
3. 나와 동행하시고 모든 염려 아시니 나는 숲의 새와 같이 기쁘다
   내가 기쁜 맘으로 주의 뜻을 행함은 주의 영이 함께함이라
4. 세상 모든 정욕과 나의 모든 욕망은 십자가에 이미 못을 박았네
   어둔밤이 지나고 무거운 짐 벗으니 주의 영이 함께함이라

[후렴] 성령이 계시네 할렐루야 함께하시네 좁은길을 걸으며 밤낮 기뻐하는 것 주의 영이 함께 함이라

본문 말씀 누가복음 4장 14~19절

외울 말씀 사도행전 1장 8절

오직 성령이 너희에게 임하시면 너희가 권능을 받고
예루살렘과 온 유대와 사마리아와
땅 끝까지 이르러 내 증인이 되리라 하시니라

| 오늘의 기도 주제 |

· 성령님이 우리 삶의 주인이 되어 달라고 기도합시다.
· 성령님과 함께하는 인생은 이미 승리했음을 선포하는 기도를 합시다.

> 제자란, 예수님을 좇는 사람이란 뜻일 뿐 아니라
> 삶 속에서 예수님의 모습을 재생해 내는 사람들이다.
> — 토니 에반스

　많은 사람들이 제게 성공적인 목회를 했다고 말합니다. 그리고 세계 최대 교회를 이끌 수 있었던 비결을 종종 묻습니다. 하지만 그런 질문에 저는 대답할 말이 없습니다. 왜냐하면 저의 수단과 방법으로 한 일은 하나도 없기 때문입니다. 제 사역은 온전히 성령님이 일하신 결과였습니다. 병자들이 병 고침을 받은 것도 많은 성도들이 설교 가운데 은혜를 받은 것도 전부 성령님이 하신 일입니다. 그래서 제 인생 가운데 가장 잘 한 일이 무엇이냐고 묻는다면 인격적인 성령님을 모시고 환영하고 의지한 것이라고 대답하고 싶습니다.
　제가 걸어온 인생은 제 계획이 아닌 전부 하나님의 인도하심이었습니다. 그래서 '사람이 마음으로 자기의 길을 계획할지라도 그의 걸음을 인도하시는 이는 여호와시니라(잠 16:9).' 라는 말씀은 지금까지 제 삶의 철저한 고백이라 할 수 있습니다.

성령 충만이 곧 성공 충만

예수님께서도 철저하게 하나님이 계획하신 삶을 살았습니다. 예수님은 성령에 이끌리어 40일간 금식 기도를 하며 공생애를 준비하셨습니다. 그 후 성령에 이끌리어 마귀의 시험을 받으셨습니다. 성령님께 인도함을 받으면 만사가 형통해야 할 텐데 그렇지 않았습니다. 금식 기도하며 배고픔을 참아내야 했으며 마귀의 끈질긴 유혹과 공격도 이겨내야 했습니다.

그런데 그 모든 시험을 이기신 후의 모습을 누가복음 4장 14, 15절을 통해 보면 '예수께서 성령의 능력으로 갈릴리에 돌아가시니 그 소문이 사방에 퍼졌고 친히 그 여러 회당에서 가르치시매 뭇 사람에게 칭송을 받으시더라.' 라고 되어 있습니다. 또 누가복음 4장 18, 19절에는 '주의 성령이 내게 임하셨으니 이는 가난한 자에게 복음을 전하게 하시려고 내게 기름을 부으시고 나를 보내사 포로 된 자에게 자유를, 눈 먼 자에게 다시 보게 함을 전파하며 눌린 자를 자유롭게 하고 주의 은혜의 해를 전파하게 하려 하심이라 하였더라.' 라고 되어 있습니다. 이처럼 예수님도 모든 사역을 성령님과 함께하셨고, 그 결과 하나님의 능력이 나타날 수 있었습니다. 그러므로 예수님의 사역은 철저하게 성령과 동행한 사역이라고 말할 수 있습니다.

우리도 마찬가지입니다. 우리 힘으로 살려고 하면 인생이 너무 험난하고 고달픕니다. 하지만 성령님께 모두 맡기면 사람들에게 칭송받고, 복음을 전하며 살고, 삶에서 여러 기적을 체험할 수 있습니다. 물론 예수님이 고난을 겪으신 것처럼 우리도 고난을 통과해야만 합니다. 하지만 성령님과 함께하면 그 고난들을 이겨낼 힘이 길러집니다. 다시 말해 성령님과 동행하는 삶은 어려움이 없는 삶이 아니라 패배가 없는 삶이 되는 것입니다.

그러므로 우리는 밤낮으로 성령님과 동행하며 살아야 합니다. 기쁠 때나 슬플 때나, 일이 잘 풀릴 때나 꼬일 때나 어느 때든지 성령님을 생각하고 그분과 함께해야 복된 삶을 영위할 수 있습니다. 즉 성령 충만한 인생이 진정한 복을 누리는 삶이라고 할 수 있습니다. 성령님은 우리의 갈 길을 인도하실 뿐 아니라, 우리가 미처 구하지 못한 것까지도 다 알고 대신 탄식의 기도를 올리십니다. 그러니 성령과 함께하면 우리가 문제 해결을 위해 걱정할 필요도, 성공을 위해 애쓸 필요도 없습니다. 성령께 모든 것을 맡기고 그저 업혀 가는 인생을 살면 됩니다.

나아가 성령 충만한 삶을 살 때 진정한 하나님의 도구로 쓰임 받을 수 있습니다. 하나님 사역에 동참할 자격이 주어지는 것입니다. '형제들아 너희 가운데서 성령과 지혜가 충만하여 칭찬 듣는 사람 일곱을 택하라 우리가 이 일을 저희에게 맡기고(행 6:3).' 이처럼 하나님은 성령 충만한 사람을 들어 쓰시기 원하십니다. 그리고 성령 충만하여 일할 때 우리 힘으로 일하는 것보다 더 뛰어난 결과가 나타나게 됩니다.

성령님께 내어 드리는 삶

저는 아침에 일어나서 "성령님 안녕하세요?"라고 인사하고, 강단에 오를 때에도 "성령님 함께 가시죠?", "힘을 주세요!", "제가 성도들에게 어떤 말을 전해야 할 지 말씀해주세요."라며 성령님과 친밀히 대화합니다. 그러면 성령님은 저와 동행하시며 저의 삶과 사역에 기름 부어 주십니다. 그러니 제 삶은 기쁨으로 넘쳐날 수밖에 없습니다. 또 전능하신 하나님이 일하시니 문제가 해결되고 사역의 성공도 뒤따라오게 되었습니다.

차가 고장 났을 때, 운전자가 직접 그 차를 고치려고 하면 매우 어렵습니다. 사람들은 평소에 차를 타고 다녔기 때문에 차를 잘 안다고 착각합니다. 하지만 실제로 차 보닛

(bonnet)만 열어도 뭐가 뭔지 모르는 경우가 많습니다. 반면 고장 난 차를 차량 수리 전문가에게 맡기면 빠르고 정확하게 고칠 수 있습니다.

이와 마찬가지로 육신의 옷을 입고 있기에 우리가 인생의 주인인 것 같아도 정작 우리는 인생에 대해 아무것도 모릅니다. 당장 내일 일도, 몇 초 후에 있을 일도 예상치 못합니다. 문제가 생겼을 때도 마찬가지입니다. 아무리 애써서 해결하려고 해도 쉽게 해결되지 않습니다. 하지만 우리를 지으신 하나님께 맡겨버리면 문제도 쉽게 해결되고, 앞으로 나아갈 길도 알게 됩니다. 친히 곁에 와서 도우시는 성령님께 맡기면 확실하고 안전하게 모든 문제가 해결되는 것입니다. 이제 당신의 삶을 성령님께 맡기십시오. 성령님께서 주관하게 하십시오. 가장 완벽하고 적합한 모습으로 문제를 해결하시고, 앞으로의 길을 안내해 주실 것입니다.

성령님은 '내가 너를 내 손바닥에 새겼고(사 49:16).' 라고 말씀하실 정도로 우리에게 관심이 많으십니다. 사랑하는 사람과는 항상 함께 있고 싶은 것처럼, 우리를 사랑하시는 하나님도 우리와 항상 함께하시고자 하는 것입니다. 그런데도 우리가 성령님을 찾지 않고 구하지 않아 성령님과 동행하지 못하는 것입니다. 하나님은 구하는 자마다 성령을 주시겠다고 분명히 약속하셨습니다. 이제 그 약속을 믿고, 성령님을 구하고, 모셔 들이고, 환영하고, 의지하십시오. 그러면 하나님이 마련해 놓으신 탁월한 인생으로 나아갈 수 있습니다.

더 깊고 넓은 하나님의 세계로

우리는 21일 동안 4차원의 영성을 삶 깊숙이 들여놓는 과정을 연습했습니다. 이미 우리의 삶은 변화되기 시작했습니다. 생각, 믿음, 꿈, 말을 변화시킴으로써 우리 안에 성령님의 4차원의 세계가 펼쳐지기 시작한 것입니다. 하지만 이것은 극히 작은 시작에 불과합니다.

성령님과 동행하는 기쁨을 누려본 사람은 더 깊은 임재하심을 간구하게 됩니다. 우리 모두는 이 단계로 나아가야 합니다. 우리 삶을 전적으로 하나님이 주재하실 수 있도록 내어드려야 합니다. 하나님은 개개인을 향해 크고 비밀한 일들을 계획해 놓으셨습니다. 그분께 모든 것을 맡기고, 그 계획들이 실현되길 기대하십시오. 그리고 세상이 줄 수도 없고 알 수도 없으며 빼앗을 수도 없는 놀라운 기적의 주인공으로 당당히 이 세상을 살아가십시오.

또한 변화된 삶을 통해 이 시대와 이 나라를 하나님의 시대와 하나님의 나라로 탈바꿈하는 귀한 역할을 감당하시길 바랍니다. 우리가 잊지 말아야 할 사실은 이 땅에서의 시간은 '쉬는 시간'이 아니라 '일하는 시간'이고, 이곳은 '놀이터'가 아니라 '일터'라는 것입니다. 하나님 나라의 지경을 넓히는 것, 이를 위해서 하나님께서 우리를 부르셨고 보내셨습니다. 그러므로 항상 하나님의 뜻을 구하고, 그분의 뜻이 이 땅에 이뤄질 수 있도록 자신을 내어드리는 삶을 사시기 바랍니다.

삶으로 떠나는 질문

✱ 당신은 생활 속에서 누구와의 만남을 가장 귀하게 여기고 있습니까?

....
....
....

✱ 당신이 성령님과의 교제를 위해 행하고 있는 노력은 구체적으로 무엇입니까?

....
....
....

기도

하나님 아버지, 성령님과 동행하게 하시니 감사합니다.
우리 삶 속에서 항상 성령님을 만나기 원합니다.
성령님 인정하고, 환영하고 모셔 들입니다.
우리 삶이 내 것이 되지 않고,
성령님의 것이 되도록 내어 드립니다.
우리와 늘 동행하며 승리하는 인생 살게 하옵소서.
예수님의 이름으로 기도합니다. 아멘.

4차원의 영성과 함께하는 21일 묵상

초판 1쇄 발행	2008년 6월 2일
초판 23쇄 발행	2013년 3월 21일
지은이	조용기
펴낸곳	교회성장연구소
발행인	이영훈
편집인	이장석
편집장	이봉연
기획 및 편집	최진영, 심홍수
디자인	진지혜
마케팅 팀장	이승조
마케팅	문기현
등록번호	제 12-177호
주소	서울시 영등포구 여의도동 12번지 국민일보 빌딩9층 901호A호
전화	02-2036-7926
팩스	02-2036-7910
웹사이트	www.pastor21.net

책 가격은 뒤표지에 있습니다.

ISBN 978-89-8304-119-7 03230
잘못 만들어진 책은 바꾸어 드립니다.